The Rules of Millionaires

世界の大富豪
2000人がこっそり教えてくれた
3週間で人生を変える法

トニー野中

三笠書房

成功できる10％の人と、
成功できない90％の人たちの思考の、
根本的な違いとは？　何だと思う？

PROLOGUE

「どれだけ成功本を読んでも、成功しない人」
「すぐに成功できる人」

「方法なんて、とてもシンプルで簡単さ。けれども、それを素直に受け入れて実践することができないから、皆、成功できないんだ」

人生で成功する秘訣を訊《たず》ねたときに、ある大富豪がつぶやいた言葉です。

私は、これまで航空機のエンジンやゴルフクラブの開発に携わったことで、プライベートジェットを所有する世界中の大富豪や、タイガー・ウッズをはじめとする多くのトッププロアスリート、さらには、彼らとの交友を通じて、各界のセレブリティたちと親交を深めるにいたりました。

また、ITバブルの時代に財を成した若き経営者らと接するなど、大変多くの成功者にお会いしてきました。

中でも、世界の金融経済界の〝影の支配者〟と呼ばれるロスチャイルド氏との出会いは、私が全く接したことのなかった世界に足を踏み入れ、この出会いによってさらに多くの上質な人脈を築くきっかけとなっています。

20代からの約30年間でお会いした世界の大富豪は、2000人にのぼります。

その成功者の中でも、特に幸せな成功を手に入れている人たちは、ある共通する習慣を持っていました。

その習慣のどれもが、誰でも明日から、いや今日から実行できるシンプルなものなのですが、それをしないことには成功はできないと思われる重要なものでした。

真理や本物の原則ほど、こういわれるほどシンプルであることがほとんどです。

「わかっているよ」「そんなことは、とっくに知っている」

それなのに、その法則を理解した人すべてが成功するわけではありません。

なぜでしょうか？

それは、頭の中に、成功できる思考回路ができていないからです。
いくら黄金律や法則を学んでも、脳が受け入れられないからです。

成功できない人は、「法則」や「しくみ」を頭で理解することはできても、それを自分のものとして、思考や行動に落としこむことができません。

それは、たとえれば、土台のしっかりしていない沼地に豪邸を建てようとするようなもの。すぐに傾いて崩壊してしまいます。

逆に、すんなり成功できる人は、この思考の下地がしっかりしているのです。

ならば私たちが成功するには、頭の中の平凡な思考回路を、大富豪や幸せな成功者たちと同じ成功できる思考回路につくり変えなければならない……。

これが本書で紹介する**「3週間プログラム」**です。

これまでたくさんの成功本を読んできたけれど、いまだ成功していない。

これは、そんな人にも、成功者や大富豪の教えを受け入れられる新しい思考回路をつくるプログラムなのです。

本書の構成

本書は、第1幕と、第2幕からなる、二部構成になっています。

第1幕では、まず、「夢（＝人生のゴール）」を定めます。

「一度しかない人生をかけて、手に入れたい自分とは、どんな自分か？」

そんな心の奥底に潜む、自分でも気づいていないような**「本当の夢や願望（＝あなた自身の人生におけるゴール）」**を模索していきます。

これを描くことは、最高に満足のいく人生を望むあなたにとって、〝航海者に海図が必要〟なのと同様に欠かせないものです。なぜなら、本当に望むゴールが定まらなければ、あらゆる努力をして、どんなにすごい財産や社会的地位を手に入れようとも、

心が満たされず苦しいままだからです。

すでに〝夢や願望がある人〟は、本当にそれがゴールといえるものなのか確認するために、そして、〝まだ夢や願望を見出せていない人〟は、それを見つけ出すために、私と一緒にいくつかのワークにトライしていただきます。

第2幕の「3週間プログラム」では、いよいよ幸せな大富豪たちと同じ思考や習慣、言葉使いを身につけていきます。

「1日1レッスン」ずつこなしていくことで、じっくり確実に、幸せな大富豪や成功者たちと同じ思考回路をつくっていきます。

でも、なぜ3週間なのか？　それは人間は、3週間、何か1つのことに取り組むと（意識を向けると）、それが習慣化されるからです。つまり、あなたが3週間、毎日、連続して成功したいと願い、幸せな大富豪たちと同じものの見方をすることで、脳が変革をもたらすのです。

そうなれば、もうあなたは成功者への道が約束されたも同然です。

さて、第1幕の扉を開ける前に知っておいてほしいことがあります。

それは、心の奥底に潜む「夢（＝人生のゴール）」を浮き彫りにするために、いろいろなワークをしていきますが、実際のところ、そのゴールを見つけるのはそう簡単ではないということです。１カ月やそこらですぐに見つかる人のほうが少ないでしょう。

しかし、メディアや世間の常識にあおられてできた薄っぺらな型通りの成功像ではなく、「これが叶ったらいつ死んでもいい！」と心の底から思えるようなゴールを意識すると、３週間で行なう日々のワークの意義も、何となく腑《ふ》に落ちるようになります。

今すぐゴールが見出せなくてもかまいません。日々、浮かんでくる夢のピースをつなぎ合わせ、大きなビジョンを描く作業を楽しみながら、**「３週間プログラム」**をスタートしてください。

大切なのは、今、始めること。

（問いかけなければ、一生モヤモヤを抱えてさまようことになるだけ！）

覚悟を決めて３週間続ければ、必ず一生が変わります。

１年後には、夢のような自分に出会っているはずです。

目次

プロローグ「どれだけ成功本を読んでも、成功しない人」「すぐに成功できる人」 2

本書の構成 5

第1幕

THE RULES OF MILLIONAIRES

「一度しかない人生をかけて、手に入れたい自分とは、どんな自分だろうか？」

「君の夢は、いったい何だい？」 24

「お金だけで、幸せにはなれない。この4つが必要だ」 26

一生後悔しない「人生のゴール」を描こう！――〝本心から望む夢〟の見つけ方 31

1「自分が本当に望むものを見分けるんだ！」 31

2「嫌いなことなんてやっていて、成功できるわけがない！」 36

3あなたにぴったりのゴールが見つかる「人生の棚卸《たなおろ》し」 40

4「自分がいつ死ぬかわかったとしたら、残された期間で何をする？」 44

「自分が一番欲しいものがわかったかい？」――1億円を使って何をするかが問題 47

〝自分の欲望〟に、ここまで正直になっていい　49
「必要なのは、必ず実現できる計画《プラン》だ」——人生の行動計画のつくり方　51
なぜ、三木谷氏は最初にパソコン教室を立ちあげた？
——バックキャスト法で見えてくる答え　53

第2幕
THE RULES OF MILLIONAIRES

覚悟を決めて3週間！
「幸せな大富豪たちの〝思考と習慣〟を身につけよう！」

第1週
思考をリセットする（成功をはばむ習慣を捨てる）

1日目
「成功しやすい人」「しにくい人」のわずかな違い
——チャンスを次々つかむには　60
「成功者のアドバイスを、素直に聞き入れなさい」　60

聖書の啓示　63
こんな「傲慢《ごうまん》さ」を捨て、素直に謙虚に受け入れれば、すぐ変わる　64
誰もがついはまる「成功できない行動パターン」に注意　66

2日目
「先入観」と「固定観念」を捨てる
――目の前の宝の山が、見えないのはなぜ？　70
〝赤いポスト〟しか見えない「スコトーマ」に陥っていませんか？　70
「たとえばテレビは、普通の人が意識しないココを見るんだ」　73
「ムッとして怒るのは、こんな思いこみに縛られているから！」　74
「ただちに視点を解放せよ！」　76

3日目
「欠点」を見つめ、「過去のトラウマ」を癒す
――心のブレーキをはずすために　80
「あなたの欠点は何か？」と訊ねられたら、どう答える？　80
欠点を知っているから、快適に生きられる　81

「なぜ、心の傷にフタをしてはいけないのか？」 83
成功を邪魔する「心の傷（トラウマ）」を癒すテクニック 84
負の連鎖を断ち切り、心のバランスをとるには、この一言が効く 87

4日目
所有できるものの数には、限りがあると知る
――さらに価値あるものを得る秘訣 91

「なぜ大富豪たちは、余計なものは極力、持たないのか？」 91
「これは君が持つほうが、ふさわしいね！」 93
これをごっそり捨てれば「心も整理できる」 95

5日目
常識を疑ってみる
――ムリなくラクに勝利するために 98

「コインの裏側を見なければ、チャンスはないよ」 98
先入観をぶち壊せ！――常識にとらわれない自由な視点を持つには？ 100

6日目
言葉の使い方を、注意深くチェックする
——「言い回し」が脳に与えるすごい影響 106

「お金がない」という人は、金持ちになれない
——話し方1つで、未来がわかる 106

「成功者になる口ぐせ」、つい使いがちな「自信を奪い去る口ぐせ」 108

では、ネガティブなことが起きたら、どう表現するのか？
——断固として回避するコツ 110

7日目
大富豪のように一日中〝幸せな気分〟ですごす
——エネルギーを効率よく使うコツ 113

「〝苦手なニンジン〟は真っ先に食べてしまおう」 113

「コーヒーの香りでハッピーな気分を満喫してごらん」
——小さなことにも、幸せを見出す 115

もう1つ、毎日がワクワクする、とっておきの方法がある！ 118

第2週

幸せな大富豪の思考・感性・習慣を吸収する

8日目

成功者の「時間感覚」をマスターする
――信頼の基盤を築く　122

「この世の中で一番、貴重なものは何だと思う?」　122

3つのスピード感を身につけることが必要　124

9日目

「ネガティブ思考」を徹底的にブロックする
――チャレンジする意欲を奪われないために　130

「テレビのニュースなんて、観ていてはいけないよ」　130

「何事もポジティブに考えなさい」――1億円を失ったら?　133

「えっ、そこまでポジティブに!?」――両親が亡くなったら?　134

10日目
「間違ったポジティブ思考」では、成功できないと知る
——迷いや不安を晴らすために 137
ポジティブ思考にも、「成功するもの」と「しないもの」がある 137
顔を見れば、一発でわかる! 140
直感を磨くために 141

11日目
夢を明確にイメージする
——燃えるような情熱を抱くために 144
「可能な限り、強く、はっきりイメージしなさい」 144
なぜ大富豪は、期待する若手をパーティーに招くのか? 147
これをしないと強くイメージできないのが、人間の脳 148

12日目
起こることは、すべて必然だと考える
——自分を磨き、成長させる極意 152

「起こること、すべてに意味がある」と思えば、自分が変わる　152
「救急車のサイレン」は？「超保守的な上司」は？　154
「こうするんだ！」という意志がある人が、成功者となる　155

13日目

付き合う人を選ぶ
——幸運と援助を呼びこむ習慣　159

「ツイている人と付き合いなさい」　159
「ツイている人」を見つける方法　161
自分自身が「ツイている人」に変わるには？　162

14日目

成功者の「お金」の使い方をマスターする
——豊かさの呼び水にするには？　166

「お金を正しく使っているかい？」　166
「これが〝生き金〟になる使い方だよ！」　167
この、金貨１００枚分の価値がある使い方をぜひ！　169

第3週

黄金のルールを胸に、いざ大空へ羽ばたこう！

15日目

「目標を決めること」が、とにかく重要と知る
——鉄のごとく「意志が強くなる」！ 172

「信号の赤と青、どちらが、どちら側についている？」 172

意志の強さが、収入に影響する？ 175

目標があると、心が折れない！——カーネル・サンダースの場合 177

16日目

一歩を、踏み出す
——運命を動かし、「成功」を加速させる 181

「卵は、みずから殻を割れば生命になるが、他人が割ったら料理になる！」 181

「昨日と同じことをやり続けても、明日は何も変わらないよ」 183

甘い「ついでの誘惑」に負けてはいけない！　184

17日目

「不安」を乗り越える
——チャレンジする勇気をつける　187

「スリル」と「安定」の危うい秘密　187

「だから、挑戦することを恐れてはいけない」——人間の性《さが》を心得る　189

18日目

潜在意識に願望をインプットする
——夢に命を吹きこもう！　193

「夢に含まれる〝小骨〟をとり除きなさい」　193

「子どものころのメンタルブロックを外し、最高の喜びを盛りこむといい」　195

「これを盛りこむと、さらにグッドだ」　198

19日目 試練を乗り越える
――この法則を知れば、気力がみるみる湧いてくる 201
「目標がインプットされると、何が起こるか？」 201
論理的に考えても、試練がくるのは、当然 204
もし何も起こらなかったら？　もし逃げ出したらどうなるのか？ 206

20日目 光を当ててくれる仲間を見つける
――「自分をさらに輝かせる」ために 210
「身近な5人の名前を挙げてごらん」 210
「1人では、夢は実現できないよ」
――カーネギーやフォードも大切にしていたこと 213

21日目 成功者として振る舞う
――内と外から、自分を変える 218

「見た目も、中身も、成功者として行動しなさい」 218
たとえば、どんな靴がいいのか？ 221
「成功者である私なら、どう振る舞うか？」と考えてから動く 222

エピローグ 「自分を変えられるのも、自分を救えるのも自分だけ」。
だから、自分にこの一言を 226

編集協力　中川賀央
本文イラスト　五十嵐晃
本文写真　Shutterstock

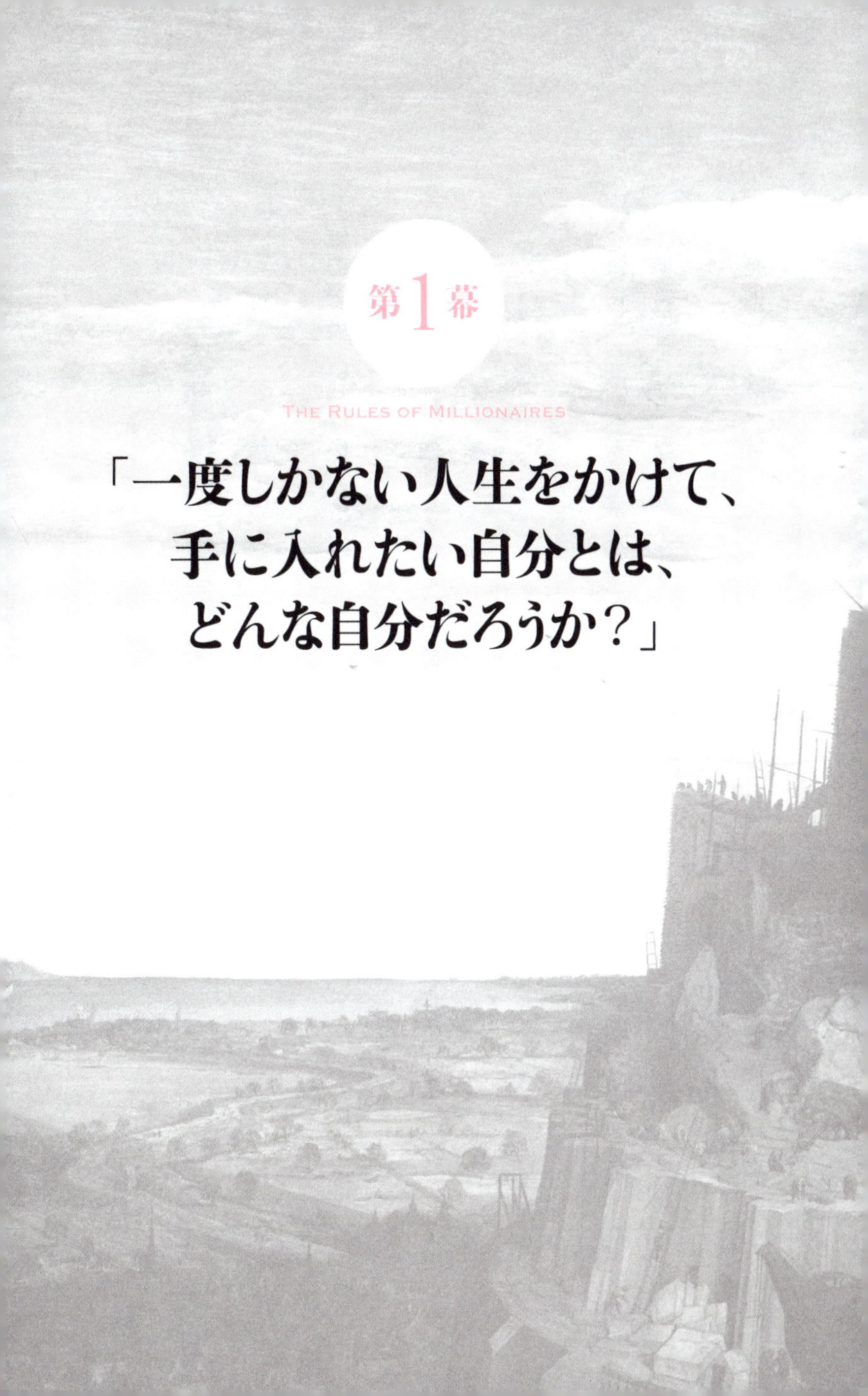

第1幕

THE RULES OF MILLIONAIRES

「一度しかない人生をかけて、手に入れたい自分とは、どんな自分だろうか？」

「君の夢は、いったい何だい？」

「君の夢は、いったい、何だい？」

「僕の夢ですか？　それはもちろん、あなたのような成功者になることです」

「なるほど。では、成功するっていうのは、君にとってどういうことだい？」

「それは……、えぇと……、うーん……？」

〝成功するとは、どういうことか？〟と聞かれたら、あなたは何と答えますか？

夢は何かと聞かれたら、「成功すること！」と即答できるのに、肝心の〝成功〟の形を明確に描けていない人が多くいます。

メディアが伝えるような〝ステレオタイプの成功者の像〟つまり、大きな家に住んで高級車に乗って、毎日贅沢《ぜいたく》な美味しいものを食べて、世界中を飛行機で飛び回るなどという姿は、本当にあなたが心から手に入れたいと願うものでしょうか？

確かに、見たこともないような贅沢な料理を食べてみたい気持ちはあるかもしれません。でも、大好きなラーメンを食べるときだって、あなたは心から幸せな気分を味わうのではありませんか？

大豪邸に住むというのも、確かに魅力があります。でも、美しい海が見える丘の上の小さな家で、豊かな自然に囲まれて暮らしている。そんな生活だって魅力的だと思いませんか？

経営者となり、世界中を飛び回ってビッグな仕事をするのは、成功者ならではの醍醐味でしょう。でも、そんな生活よりも、楽しくおしゃべりしながら気楽にのんびりマイペースで仕事をするほうが幸せだ……という方は、案外、多いと思います。

つまり、幸せの形は人それぞれで、どんな幸せを望もうが、あなたの自由なのです。

いくら夢を描いても、「こっちのほうが幸せじゃない？」といわれ、すぐに「そうだね」とぐらついてしまうようでは、それは本当の夢とはいえませんね。

「成功」も同じで、世の中の定義がどうであれ、あなた自身が心から「そうなったら

幸せだ！」と思える成功像を手に入れない限り、それは本当の成功とはなり得ません。

ならば成功とは、どんなことなのでしょう？

大富豪は、こんなヒントを与えてくれます。

「一度しかない人生をかけて、手に入れたい自分はどんな自分なんだい？」

今は曖昧《あいまい》でもかまいません。まず、想像してみてください。

あなたは心からリラックスできる快適な場所に住み、その仕事を選んでよかったと満足できる仕事をして、自分が心から愛する人々に囲まれて、時間に追われることなく楽しい生活を送っている……。

それを具体的にしたものが、あなたにとっての「成功」の形なのです。

「お金だけで、幸せにはなれない。この4つが必要だ」

夢を描くワークを始める前に知っておきたいのは、「成功」についてです。

というのも、多くの人は「成功する」ということと、「お金持ちになる」ということを、同じことだと考えてしまいがちだからです。

実際に豊かな富を持っている大富豪たちも、口を酸っぱくしてこういうのです。

「トニー君、お金だけで人は幸せにはなれないんだよ。大切なのは、『お金』と『時間』と『健康』『人間関係（人脈）』における自由を、バランスよく保つこと」


ある大富豪は、こうもいっていました。

「『10億円を現金であげよう。その代わり、次の日から刑務所に一生入っていてほしい』……そういわれたら、君はお金をもらうかい？」

ほとんどの方の答えは「ノー」だと思います。

なぜかといえば、いくらお金があっても、一生、刑務所に入っていたら、そのお金を使って楽しむことができないからです。

たとえフェラーリや宝石を購入しても、運転する機会がないとか、宝石を身につけて出掛けることすらできないというのでは、満足できませんね。

つまり、たくさんのお金を得て、どんなに素晴らしい商品を買ったとしても、それを満喫できる自由を得ていなければ、単純にショッピングにすら、私たちは幸福感を持てないのです。

では、お金を求めなくていいのか？……といわれれば、そんなことはありません。お金は豊かな人生を手に入れる大切なツール（道具）の1つです。ですが、それ以上でもそれ以下でもありません。

大富豪たちが富を所有しているのも、自分がやりたいあらゆることを、経済的な理由で放棄せざるを得ない不幸を味わわないためです。

さらに、お金のほかに、ともに幸福感を共有できる人間関係を築き、好きなときに好きなことができる時間を持ち、また、健康的な理由でやりたいことができなくなることのない人生こそ、理想ではないでしょうか？

つまり、「お金」「人間関係（人脈）」「時間」「健康」の〝4つの自由〟すべてを手にすることが本当の「成功」なのです。

そして本書の第2幕のワークを順にこなしていき、幸せな大富豪の思考・感性・習慣を身につければ、これら〝4つの自由〟は自然とバランスよく入ってくるようにな

幸せな成功者
(4つのバランスがとれている)

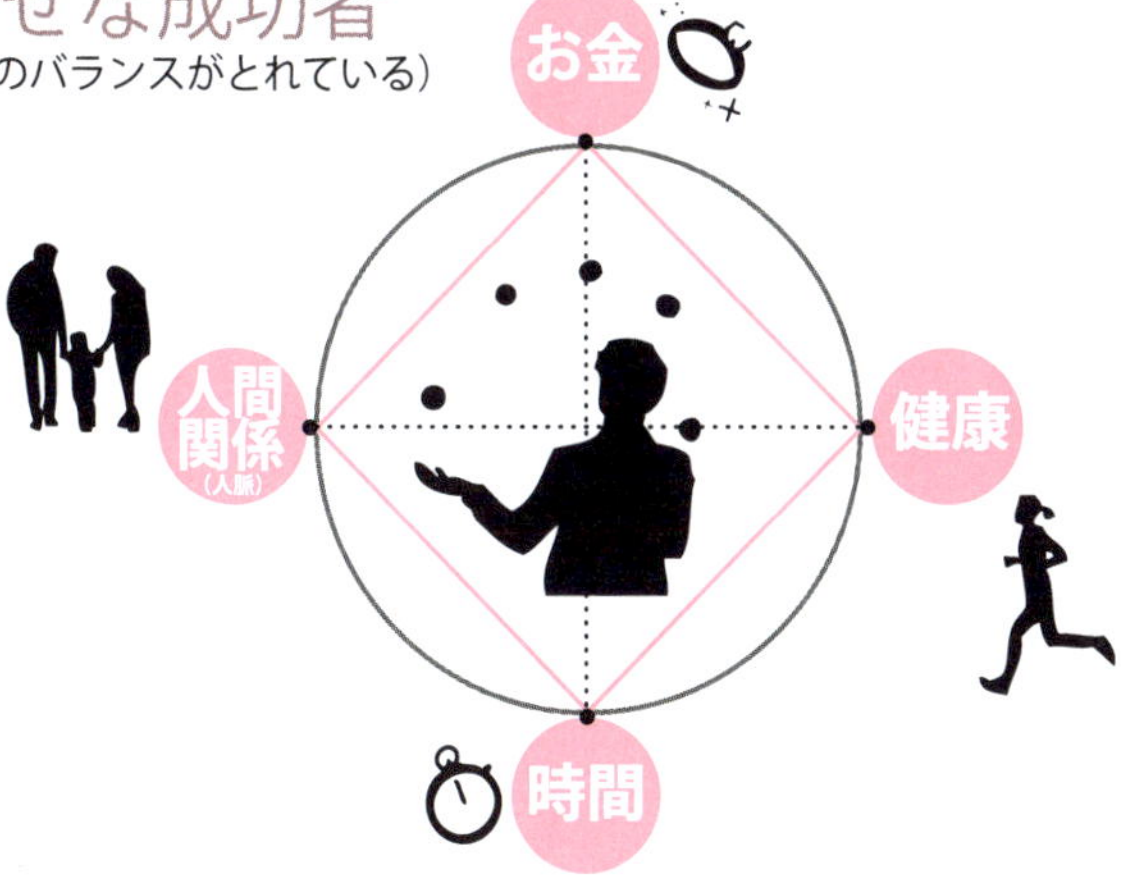

不幸な成功者
(4つのバランスが悪い)

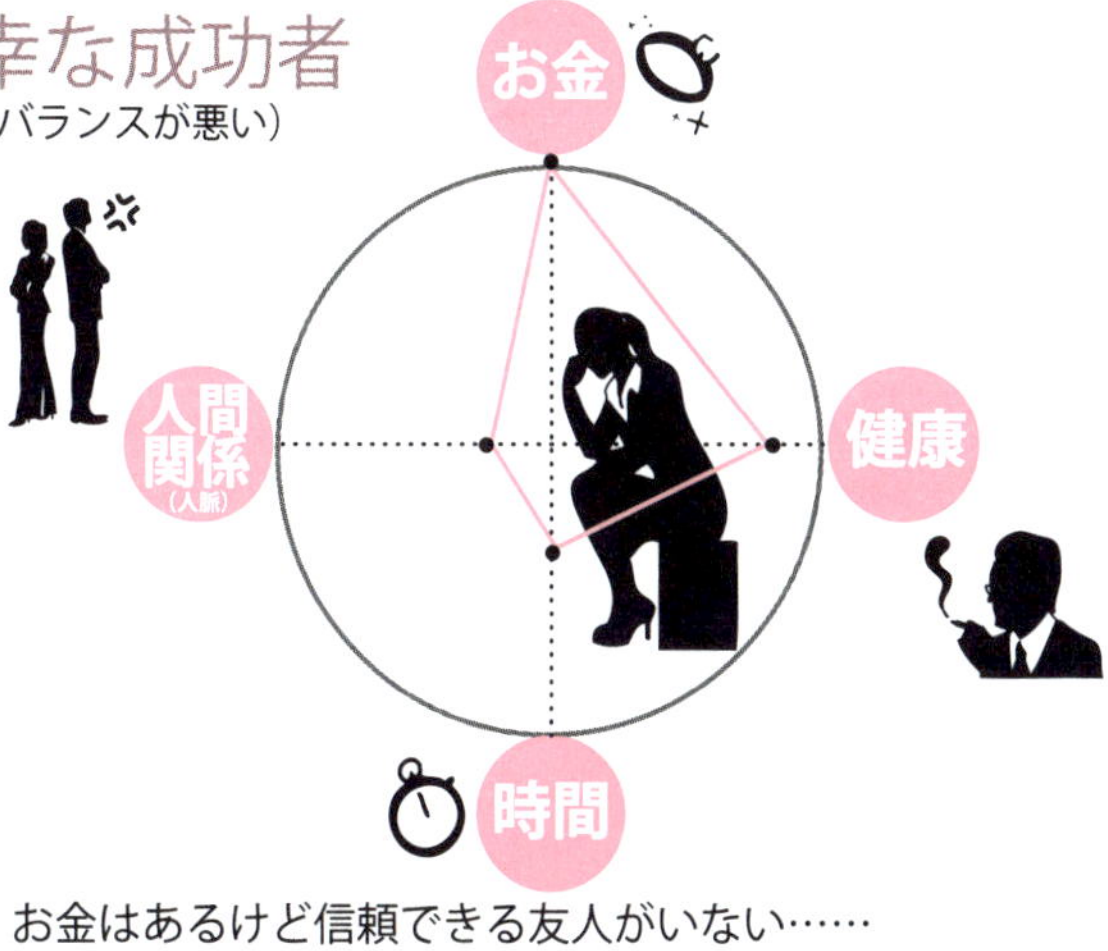

お金はあるけど信頼できる友人がいない……
ゆっくり旅行に行く暇もない……
ストレスで喫煙や飲酒の機会が多く健康面に不安が……

るでしょう。

〝4つの自由〟をバランスよく手にすることが大事だという真実を知らずに、たくさんのお金だけを得たとしても、私たちは成功者どころか、幸せにもなれません。かえって不幸になることのほうが多いでしょう。

「そんなバカな！」と思いますか？

実際、宝くじに当たって一晩のうちに億万長者になった人のほぼ95％が、そのように不幸になるのです。アメリカのテレビ番組による調査では、当選金をめぐるトラブルに巻きこまれて殺されてしまったり、あるいは大金も家庭も友人も失ってしまったりした人が大勢いました。

家族の幸せのためを思って猛烈に働いて稼いできたのに、健康を気づかわなかったばかりに、かえって家族を悲しませる結果になってしまうのも、よくあることです。

しかし、自分自身が心底望む成功像を頭に描き、それに邁進《まいしん》する過程で富を得ていった人は、きちんとそのお金で「自分と周りの人」を幸福にできる力もつきます。

今から皆さんにトライしていただくのは、そんな成功像を見つけることなのです。

一生後悔しない「人生のゴール」を描こう！
――〝本心から望む夢〟の見つけ方

1
「自分が本当に望むものを見分けるんだ！」――潜在意識を使ったワーク

「『自分が欲しいものは、何だろう？　成功者は皆、いい車を持っているから、それかな？』などと、他人と比較したり、理屈で考えたりして導き出した答えは、本当の自分の願望をあらわしてはいないんだよ」

ある大富豪はいいます。

そこで「人生のゴール」を見つける前に、まずトライしていただきたいのは、「心の底にある潜在意識を探る」ことです。

人間の意識には、明瞭に自覚している顕在意識と、表に出てこない潜在意識があることはご存じでしょう。普段は意識下に隠れている潜在意識ですが、それがフッと意識にのぼる瞬間があります。

具体的には、就寝前や寝起きのとき。また昼間の移動中の電車の中などで暖かい陽差しを浴びてついウトウトしたときや、入浴中にリラックスしているとき。

要は脳から「アルファ波」と呼ばれる電気的信号が発生しているときです。

そんなときに心に浮かんだ「心地よいもの」「好きなもの」「考えるとワクワクするもの」「なぜか幸せを感じるもの」を、メモしておくのです。

「なぜか、カサブランカの香りを嗅ぐと心が安らぐ」

「黄色のものを見ると、なぜかテンションがあがる」

「絵画を見ていると、時のたつのを忘れるほどその世界に浸れるが、そういえば子どものころは絵を描くのが好きだったな」

この程度のものでかまいません。**これを100個ぐらい集めていくと、だんだんと自分の本当に好きなものが形を成してきます。**

難しいのは、潜在意識から出てきたものは、すぐにメモしないと忘れてしまうということ。朝起きて、「何か楽しい夢を見たはずだけど、何だっけ？」と、夢の内容を思い出せない経験をしたことのある方は多いでしょう。

ちなみに潜在意識から湧きあがってくるのは「気持ちのいいもの」や「好きなもの」に限りません。**ときには、世界を変えるようなすごいアイデアが出てくることもあります。**

ビートルズの大ヒット曲『イエスタデイ』は、ポール・マッカートニーが朝、意識がうつらうつらしているときに思いついた曲だそうです。

すぐに消え去ってしまうアイデアを確実に拾い集めるためにも、枕元には常にメモ帳を置き、バスルームには、濡れても書けるペンとメモ帳を置いておきましょう。

出掛けるときにもメモ帳を携帯したいですね。

意図的にアルファ波を出すことができる音楽

なお、次のクラシック音楽は、「アルファ波を出しやすい曲」として知られています。聴きながらリラックスすれば、意図的に潜在意識を探ることができるでしょう。

- 『カノン』／パッヘルベル
- 『オンブラ・マイ・フ』／ヘンデル
- 『G線上のアリア』／バッハ
- 『レクイエム』より『天国に』／フォーレ
- 『ペール・ギュント』組曲より『朝』／グリーグ
- 『弦楽四重奏曲第2番』より『夜想曲』／ボロディン
- 組曲『動物の謝肉祭』より『白鳥』／サン＝サーンス
- 『アイルランド、デリー州の調べ』／パーシー・グレインジャー
- 『亡き王女のためのパヴァーヌ』／ラヴェル
- 『エストレリータ』／ポンセ

それでは最初のワークです。

「好きなもの」「心地いいと感じるもの」をどんどん書き出しましょう。
（100個ほど集めます。期間は1～2カ月かけてかまいません）

2 「嫌いなことなんてやっていて、成功できるわけがない！」
――「どうしても我慢できないこと（避けたいこと）」を見つける

２つ目のワークは、**「どうしても我慢できないこと（避けたいこと）」**をピックアップするというものです。

これもやはり、アルファ波が出ている状態のときに浮かびあがってきやすいのです。自分が「何だか嫌だな」「どうも苦手だ」「これは怖い！」などと不快に思うことを、思いつくたびにメモしていきます。

「よし、やるぞ！」と夢に向かってアクセルを踏もうとしたときに、思いがけずブレーキとなって、あなたの前進をはばむものが、この「どうしても我慢できないこと（避けたいこと）」です。

たとえば、「海外に店を出して、会社をグローバルに展開する」という目標を持つ社長がいたとしましょう。

ところが彼は、「英語や外国人が苦手だし、飛行機は耳が痛くなるから嫌いだ。日本食が好きで、外国の料理は口に合わない」などと、本心では海外に出ることを嫌がっているとします。すると「海外出店」というのは、右足でアクセルを踏みながら、同時に左足でブレーキを踏んでいるようなものとなります。

本当に自分の望む夢とはいえませんし、その夢が叶うこともありません。

また、「俳優の○○さんと結婚したい」と夢に見つつ、一方では相手を束縛したい気持ちが強く、「いつもそばにいないと不安になる」「メールの返信が遅いとイライラする」「忙しくて1カ月も会えないなんて嫌だ」と不満に感じるようなら、仕事で長期間離れていることが多い芸能人と、いざ念願叶って付き合うことができたとしても、うまくいくわけがありません。

いくら夢や目標を実現しても、そこに「どうしても我慢できないこと（避けたいこと）」が含まれていると、真の幸福感は得られないのです。

またあなたが、家族のことを大切に思い、常に一緒にいたいという価値観を強く持っていたとしましょう。そして、家族に豊かな生活をさせるために事業を拡大させ、莫大な富を築くことができました。しかし、その生活の実態が、「朝方までずっと仕事をしなければならない」とか、「面倒な付き合いが多く、家族とすごす時間が全然ない」というものであったなら、本当にそれで「自分は幸せな成功者だ」といえるでしょうか？

「人間は好きなことでしか成功できないよ。嫌なことをしていて、成功なんてできるわけがない！（No one can do it !）」

一文無しから2年半で億万長者にまで上り詰めた、全米ナンバーワンのマネーコーチ、ハーブ・エッカー氏にお会いしたときの、彼の言葉は印象的でした。

逆に、「我慢して嫌なことを続け、ムリを重ねて目標を達成してきた人たちは、ストレスまみれの、心が平安ではない「不幸な成功者」となるのです。

もちろん、仕事の一部として避けて通ることのできないことはあるでしょう。いきなり「明日からは、それをしない」とはいかないかもしれません。

しかし、少なくとも「やりたくないことを、やらざるを得ない状況」を変えていく努力をしなければ、本当に自分の望む未来には近づいていけないのです。

質問　あなたの「どうしても我慢できないこと（避けたいこと）」は何ですか？
3～5個程度ピックアップして、書き出しましょう。

（例）人と接するのが嫌／夜間の仕事は嫌／料理を作るのは嫌／掃除や片づけは嫌

時間にしばられる／すいみん時間がない／グレーな営業／夜間の仕事／

3 あなたにぴったりのゴールが見つかる「人生の棚卸《たなおろ》し」

「人生の棚卸し」とは、人生のさまざまな問題を紙に書き出してみる作業です。

私の研修では、次のような質問シートに回答をしていただいています。

この「棚卸し」の作業は、自分自身の内面に問いかけることで、「人生のゴール」を、よりあなたにふさわしくフィットさせるために用意した質問です。

質問① 自分の人生を顧みて、あなたが現在、満足していないことは何でしょう？
あるいは変えたいことは、何でしょう？

(例) 現在の仕事、営業の外回り、パートナーとの関係、やりたくてもできない趣味質問②　あなたが現在、満足していることは何ですか？
あるいは、もっと増やしたいことは？
（例）営業で人を喜ばせること、子どもとすごす時間、もっと旅行に行きたい

質問③　お金のことをまったく心配しなくていいとしたら、何をしたいですか？
（例）アイスクリームショップを開く、大学に再入学する、絵を描く、一日中ゲーム三昧《ざんまい》

質問④　あなたが普段、心から「楽しい」と思ってやっていることは何ですか？

誰かのためやお金のためではなく、ただ楽しいという理由でやっていることは？

（例）フットサル、車の運転、カラオケ、楽器演奏、料理

質問⑤　もし「挑戦しても失敗しない保証」があれば、何をしてみたいですか？

（例）留学、新規事業の立ちあげ、探検、俳優デビュー、町おこしのプロデュース

質問⑥　もし、あなたが望み通りの人生を送れるとしたら、どんな人生を選びますか？

質問⑦　あなたの長所と短所を挙げてください。

長所

短所

質問⑥、⑦は、第2幕の「3週間プログラム」で深く掘り下げていく部分も含まれています。今は曖昧《あいまい》な答えでかまいませんから、挙げられるものを回答していただけたらと思います。

4 「自分がいつ死ぬかわかったとしたら、残された期間で何をする?」
――本気でやりたいことを引き出す3つの質問

次の3つの質問に答えてください。

質問① もし医者から「余命あと1年」と宣告を受けたら、あなたは何をしますか?

質問② もし医者から「余命あと3年」と宣告を受けたら、あなたは何をしますか?

質問③　もし医者から「余命あと10年」と宣告を受けたら、あなたは何をしますか？

なぜ、「1年」「3年」「10年」と、3つの質問をしたのか？

それは、「余命が1年」では、もう残り時間がそれほどないため、仮に子どものいる親御さんだとしたら、「会社を辞めて残り時間を、すべて子どもとすごす時間にあてる」とか、あるいは「貯金をすべておろして遊びまくる」といった、後先考えずに今すぐにできることや、あるいは破壊的な答えしか出てこない場合があります。

それでも、1年という短い時間で「どうしてもやりたい」と思うことですから、それはあなたが真に求めるものの本質を引き出せる可能性が高いというわけです。

しかし、「余命が3年」となれば、もう少し可能なことの枠が広がってきます。たとえば、「ずっと子どもとすごしたい」と願う人に、3年の月日があれば、自分の子どもだけでなく、自分の生きた証《あかし》を残すために、ほかの子たちにも、何かしてやれないかとか、「各地の学校を回って健康の知識を教える活動をしよう」などと、思い浮かぶかもしれません。

これが「余命10年」となると、さらにたくさんのアイデアが出てくるでしょう。カンボジアなど教育の機会に恵まれない子どもたちのために学校をつくりたいとか、国境なき医師団に入って、アフリカの飢餓や病気と闘う子どもたちを救いたい。さらには、親のいない子どもたちに、「幸せな家庭を築くための秘訣」を伝えて人生を終えたい……など。

ここまでくると、あなたが本心で求める、叶ったら無上の喜びを味わうことができる「人生のゴール」に、ほぼ近づいてきます。

「自分が一番欲しいものがわかったかい？」
――1億円を使って何をするかが問題

前項の3つの質問の「余命何年」という時間的制約をとりはらい、それを成し遂げたら、いつあの世からお迎えがきても後悔はしないと思えるようなことが、「人生のゴール」です。

大富豪が問いかける、**「本当にあなたが人生で望むものは何か？」**という質問。その答えを、ここでは導き出します。

先の質問（1）「本当に自分が望むもの」、（2）「どうしても我慢できないこと（避けたいこと）」、そして（3）「人生の棚卸し」で導いた自身の答えを読み返したうえで、（4）「自分がいつ死ぬのかわかったとしたら、残された期間で何をしたいか？」を問いかけてみてください。

何となく、「それを成し遂げたら、死んでもいいようなこと」のイメージが湧いてくるかもしれません。

ちなみに、「資産」や「出世」など、お金や社会的地位は、あくまで夢を達成するためのツールであり、「人生のゴール」には、なり得ません。その証拠に、

「1億円の資産を持つことが、人生のゴールです」
「この会社の社長になることがゴールです」

などという人に対して、**「では、1億円を手にしたら、次の日死んでもいいですか？」「社長まで上り詰めたら、いつ解任されてもいいのですね？」**と聞くと、「いや、そこまでのものではないな……」と、戸惑いを見せます。

では、「1億円がゴール」「社長がゴール」といっている人たちの「人生のゴール」として、どういうものがあるかといえば、結局、1億円を超えるような資産を手に入れて、そのお金を使って何をしたいのか？　社長になったとして、その権限で何を成し遂げたいか？　ということです。

「過疎化で苦しむ生まれ故郷を活性化させたい」とか、「ファッション業界の強味を活かして、多くの人を楽しませたい」「保健所で殺処分されるペットを、基金をつくって救いたい」などは、その一例でしょう。

ある医師は、当初こそ「ゆくゆくは病院の経営者となり、莫大な資産を残し……」と述べていました。ですが、潜在意識を掘り返して「人生の棚卸し」をしていくうちに、子どものころから人の命を助ける医者の仕事に憧れ、たくさんの人を助けたいと考えていた自分の本心に気づきました。

そこで人生のゴールを、「アフリカの子どもたちにワクチンをたくさん届け、医療のレベルをあげるために、アフリカで活動したい」と設定し直しています。

〝自分の欲望〟に、ここまで正直になっていい

もちろん、こうした他者のために尽くすことだけが「人生のゴール」ではありませ

ん。

　ある人は、「ヨーロッパの地中海が見える丘に家を建てて暮らし、その風景を眺めながら人生の最期を迎えたい」というゴールを描きました。ほかの誰のためでもなく、100％自己満足のための夢です。

　でも、それは本心からの願いでした。強く潜在意識に願望をインプットし、毎日頭の中でその願望をイメージしていると、ある日、某企業からフランス駐在のオファーがきたといいます。

　それをきっかけに、晩年の人生を地中海の見える丘で暮らすという人生のゴールは達成される可能性が高まったといえます。

　何人かの大富豪にその話をしたら、**「そういうことが起こるのは当然だよ！」**とのことでした。彼らにいわせると、心の底から願ったことは必ず引き寄せられるのが当然なのでしょう。

　また、「自分の葬式に、1000人以上の人が参列してくれるような人になりたい」という方もいれば、「自然豊かな北海道で牧場をつくって、そこにたくさんの子どもたちを招いて楽しく暮らしたい」と述べた方もいます。

今は曖昧で「本当にそれが自分の願いなのかな？」と疑問に思うようなことであってもかまわないのです。

本書の第2幕の「3週間プログラム」を実践したあと、再びまたこの「ゴールは何か？」という質問に立ち返ってみれば、あなたはよりいっそう明確に「これがしたい！」と、夢を描けるはずです。

自分が何を望んでいるのかを、ぜひこの機会に考えていただけたらと思います。

ただし、心身ともにリラックスしたアルファ波が出ているときですよ。お忘れなく。

「必要なのは、必ず実現できる計画《プラン》だ」——人生の行動計画のつくり方

第1幕は、この「人生の行動計画」を描くことが到達点です。

さて、いざ、この「人生のゴール」に向けて歩み出そうと考えたとき、必要なのは「では、これから何をするか」という**具体的な行動計画**です。

行動計画をつくるとき、多くの人は「1年後に何をするか？　それを達成したら次に何をするか？」と、**現在を起点**にして、その延長線上で将来を描くことをやりがちです。

しかし、「幸せな成功者」は違います。

「人生のゴール」である**未来を起点**にして、「ゴールにたどりつくために、ゴールの10年前までには、このレベルになっておく必要がある」「ゴールの20年前までにはこうなっていなければならない」「30年前にはこうなっていなければいけない」と、現在まで時間を逆算してプランを立て、確実にゴールへたどりつく計画を立てるのです。

一般的に、現在を起点にして目標までの行動プランを立てることを「フォーキャスト法」と呼び、**多くの成功者が好むこのやり方を、「バックキャスト法」**と呼びます。

たとえば、人生のゴールに「アフリカの子どもたちにワクチンをたくさん届ける。アフリカの医療のレベルをあげるために、アフリカで活動する」という最終目標を掲げた人の場合、「じゃあ、アフリカに病院をつくるとしたら、どれくらいの資金が必要か？」と遡《さかのぼ》れば、具体的な金額目標が割り出せます。

そして、その病院で実際に活動するには、人生80年だとして、50代か60代までには、病院を建てておく必要があると、タイムリミットもわかるでしょう。

ならば50歳の時点でいくらの資産が必要か、そのために40歳でどれくらいの収入を得ているべきかと逆算していくことで、自動的に収入目標も明らかになります。

そのほか、アフリカで活躍するためには、現地の人脈も必要になるでしょう。実際にアフリカで活躍している医師たちと交流し、世界の医療団に参加して、自分がアフリカで活躍するのを助けてもらえるよう、道筋も築いていかなければなりません。

当然、国際語としての英語が必要になるので、「英語を習う」という、今すぐ始めなければならない目標も見えてくるでしょう。

なぜ、三木谷氏は最初にパソコン教室を立ちあげた？
――バックキャスト法で見えてくる答え

この「バックキャスト法」を活用して大成功した経営者の1人が、楽天の三木谷浩史氏ではないかと私は思っています。

というのも、三木谷氏は、もともと旧日本興業銀行の銀行マンでした。普通、銀行員が描くゴールは役員や頭取でしょうが、もっと野心家な人物であれば、「メガバンクに匹敵する自分の銀行を持つこと」となるのではないでしょうか。

仮に、三木谷氏の夢がそうだったとしましょう。

彼はまずこの目標を起点にバックキャストしていき、「自分の所有する銀行をメガバンクまで育てあげるには、何より大勢の預金者と多額の資金を確保しなければならない」と考えます。

ではその大勢の預金者を集めるには、何をすればいいか？

三木谷社長がしたのは、バックキャストで遡ると次のようなことです。

☞ 預金者と多額の資金を集める

☞ カード会社、不動産ローン会社、証券会社、ＦＸ会社など金融グループ企業をつくる

大勢の人がクレジット決済をするシステムを構築する
☜
多くの人が買い物する日本一のインターネット・ショッピングモールを運営する
☜
そのためには大勢の店主さんに、楽天でお店を出してもらう

こう考えると、楽天市場というバーチャルモールは、出店者からいただく出店料による収益だけを目的にしているのではなく、買い物の代金の回収代行を通じて、銀行やクレジットの口座をつくってもらうお客さんを大勢集めるための器だった、と考えることもできるわけです。

さらにいうと、楽天市場のようなバーチャルモールをつくるには、当然、インターネットにも精通していなくてはいけませんし、それを開発・運用する技術者集団が必要です。

三木谷さんは元銀行マンであり、インターネットの専門家ではありませんでした。当然、インターネットモールをつくれるようなＩＴ技術に精通した人間を見つけてこなければなりません。そこで彼が日本興業銀行を辞めてから、最初に立ちあげた事業が、実はパソコン教室だったのです。

パソコン教室を開けば、当然、インターネットに詳しい人間が講師として集まってきます。その中から優秀な人をピックアップし、「バーチャルモールをつくるから開発に加わってほしい」と勧誘し、社員にしていったと想像できます。

こう考えると、現在の楽天の大成功も、最終的なゴールから遡ってつくりあげた、計画通りの結果だったと思ってしまうのは私だけでしょうか。

もちろん三木谷社長は、今もはるかに高い人生のゴールに向かって、着々と計画を遂行中なのだと思います。

＊　＊　＊

たとえば、「横浜港から船で出て、アメリカに行くぞ」と大まかなゴールを設定したとしても、頭でイメージしていた目的地には着けません。

やはり、ロサンゼルスとかサンフランシスコなど具体的な目的地を定め、通るべき航路をあらかじめ計画したうえで、それに従って進んでいくことで、途中で航路を逸れたとしても、ちゃんと軌道修正して、ゴールに向かうことができるわけです。

ですから最初に具体的なゴールを決めるのが、非常に大事なのです。

ゴールさえ決まれば、あとは大富豪たちの思考法を自分にセットするだけ。

そうすれば必然的にあなたの夢は現実のものとなっていきますし、望む通りの楽しい将来が待ち受けているはずです。

ぜひ未来にワクワクしながら、第２幕のワークに進んでみてください。

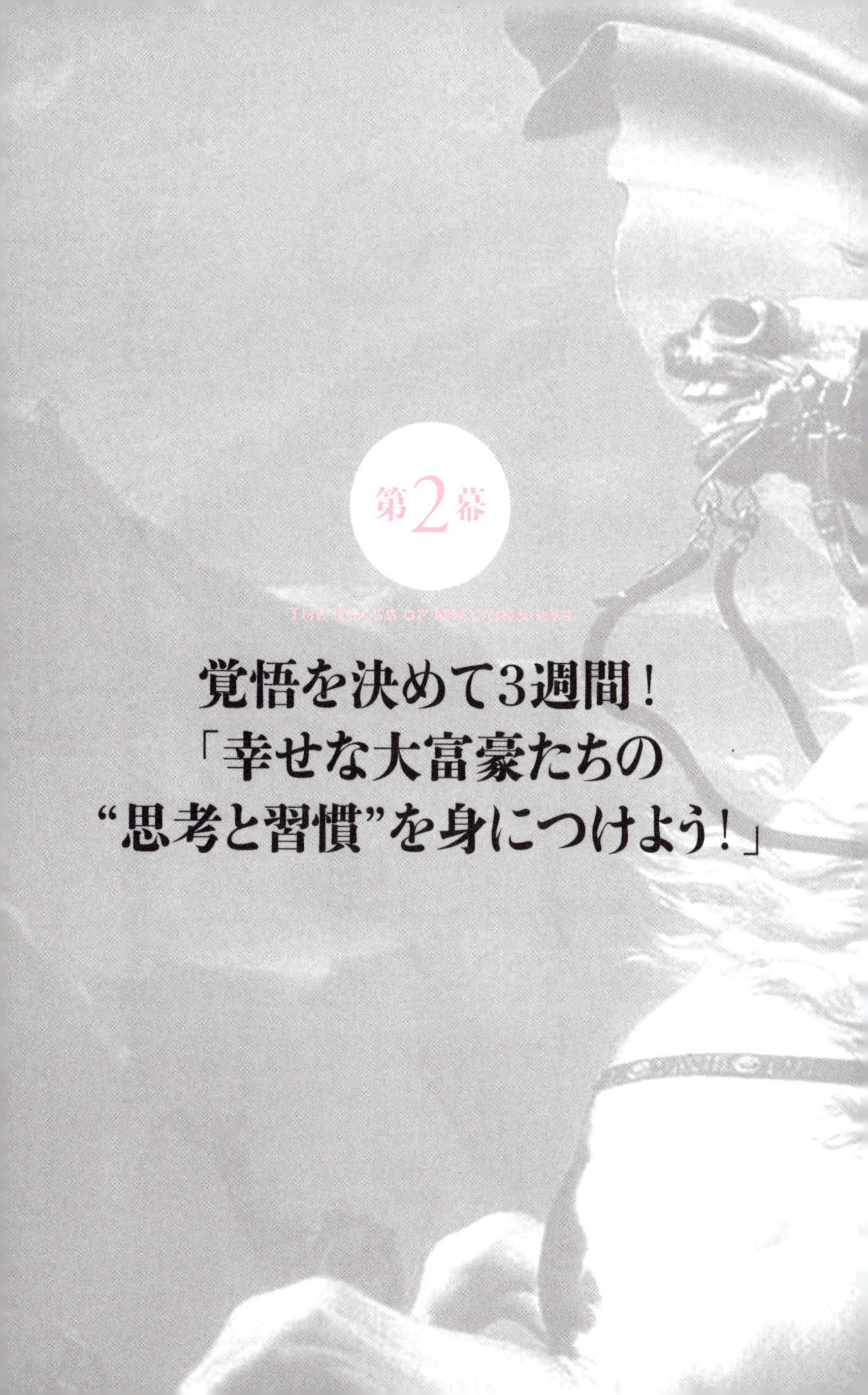

第2幕

THE RULES OF MILLIONAIRES

覚悟を決めて3週間！
「幸せな大富豪たちの
“思考と習慣”を身につけよう！」

第1週

思考をリセットする（成功をはばむ習慣を捨てる）

1週目は、夢に向かって最初の一歩を踏み出しても、なかなか現状が変わらないと悩む方の脳を、リフレッシュさせていきます。

1日目

「成功しやすい人」「しにくい人」のわずかな違い
――チャンスを次々つかむには

「成功者のアドバイスを、素直に聞き入れなさい」

「成功する人と、成功できない人の一番大きな違いは何だかわかるかい？」

「いったい何ですか？」と訊ねると、大富豪は、面白そうに答えました。

「まず〝自分が成功できると信じて疑わないこと〟。次に、〝最初の一歩を踏み出す〟

こと。……しかし、それ以前に、もっと重要なことがあるんだ」

「〝成功者の助言を素直に聞き入れること〟さ。今まさに君は、僕の話を疑ってはいないかい？」

「というと？」

私はこのとき、大きな気づきを得ました。今までたくさんの本を読み、たくさんの人から成功の秘訣《ひけつ》を聞いてきましたが、はたして、すべてを素直に聞き入れ、疑いを持たずに実践してきたかな？　と。

世の中にはたくさんの成功ノウハウがあふれていながら、成功者の数がそれに比例して増えていないのは、まさしくこれが理由ではないでしょうか？

せっかく貴重な秘訣を知っても、実践する人が非常に少ないのです。

これは本書の「3週間プログラム」の核心に迫る問題でしょう。

実は、成功率の高い助言には、一見、非常識に思えるものも多くあります。だから皆、「そんなバカな」と疑って、最初の一歩を踏み出さずに終わってしまうのです。

わかりやすいのは、**「成功したければ、トイレ掃除をしなさい」**という教えが世に初めて出たときのことでしょう。

当時は、「あまりに非科学的で非論理的だ。バカバカしい！」「それはおまじないの類《たぐい》でしょう？」などと、耳を傾けない人がほとんどでした。

唯一、理解できなくても、「教えてくれた人を信頼して、いわれた通り素直にやってみよう」と行動に移した人だけが、大きな成果を挙げました。

会社を上場させたイエローハットの創業者、鍵山秀三郎氏の逸話はその一例であり、広く知られていますね。

今となっては、「路面店ならトイレをきれいにしておけば、トイレを借りにきた人が、ついでに買い物をすることもあるから、売り上げは伸びる」とか、「社員たちのモチベーションがあがる」「汚い仕事も率先してすることで、苦手なことにもチャレンジできる心がつくられる」「汚さないよう使うことで、あとの人のことを考えた仕事ができるようになる」など、因果関係はいくらでも想像できますので、一般的な成功ノウハウとして受け入れられるようになったかもしれません。

でも、聞いたときにすぐ素直に実行していれば、ほかの人が「なるほど、そういう理屈だったのか！」と気づいたときには、もうとっくに成功していたはずです。

〝せっかくの秘密を知っても、受け入れない〟という思考回路は、何としても捨てなければいけません。

聖書の啓示

旧約聖書では、まさにこうした成功の秘訣が暗示されています。

たとえば、「ノアの箱舟《はこぶね》」の物語。

ある日ノアは、「洪水がくるから、大きな舟をつくりなさい。そして世界中の動物を、すべてつがいで乗船させなさい」という突拍子もない啓示を神から受けます。

そもそも彼らが住んでいたのは、砂漠の地です。普通に考えれば、いくら神の啓示だといっても、納得するわけがありません。

けれどもひたすら神の言葉を信じ、箱舟をつくったノアだけが、大洪水から生き残ることができたのです。

「成功しやすい人」というのは、どんなに突拍子もないことをいわれたとしても、「この人がいうのだから間違いないだろう」と信じ、内容の整合性や理屈が通るかどうかは、あまり考えずに行動に移す傾向があります。

「自分が成功する」と確信しているだけでなく、「自分が学んでいることも間違いはない」と確信しているのです。

こんな「傲慢《ごうまん》さ」を捨て、素直に謙虚に受け入れれば、すぐ変わる

そもそも、「すでに成功している人」と、「まだ成功していない自分」を比べたとき、成功への道筋に詳しいのは、「すでに成功している人」であることは明白です。

それなのにほとんどの人、特に頭のいい人は、学校で習った知識や世間の一般常識に照らし合わせて、成功者たちの教えを「まさか、そんなわけがない！」とブロックして受け入れないのです。

厳しい言い方をすれば、その根底には、「自分が知っている常識のほうが正しい」という傲慢さがあります。

でも、成功していない自分の考えのほうが正しいと思うなんて、それこそ非論理的だと思いませんか？

それに比べ、「成功しやすい人」は非常に謙虚に、こう考えます。

「すでに成功している人たちは、自分がまだ到達できていない高みから、貴重な秘訣を教えてくれている。まだ成功していない自分には、その理屈が理解できていないのだから、自分の少ない知識で批判したり、文句をいったりせず、まず実行してみよう」

音楽や芸術の世界でも、大成した人が、「次は、これがくる！」と、次のブームの波を予測することがあります。けれども、素直にその分野にチャレンジするミュージシャンやアーティストは、ほとんどいません。

そしてごくごく少数の、素直にいう通りの分野に乗り出した人だけが、大ヒットを飛ばし、まさに一夜にしてスターダムを駆けあがるという夢を実現しています。

誰もがついはまる「成功できない行動パターン」に注意

では今度は、逆に「成功できない人は、どんな人か？」と聞かれたら？

私は、次の2つを挙げます。

①いわれたことしか、できない人

②いわれたことすら、できない人

①は、企業でもよく指導されることですから、「そういう人になってはいけないな」と意識している方も多いでしょうが、いつの間にか、今まで聞いたこともない話は排除し、頭でっかちの「貴重な教えを知ったのに、実践しない人」になっていることは、誰にでも起こり得ます。

こうなってしまうと、②の「いわれたことすらできない人」と同様ですから、注意しないといけません。

これから始める「3週間プログラム」の中にも、やはり、初めて耳にする、突拍子もない教えがあるかもしれません。

けれども、**「納得できる部分は実践するけど、納得できない部分はやらない」などと今ある知識に照らし合わせて排除することなく、とにかくすべてを受け入れて素直に実行するといいのです。**それが「成功力」を強化するための大前提になります。

◉1日目のポイント

「自分は成功できる」と信じ、成功者の言葉には素直に従うこと。疑いを持たずに教えを実践する人ほど、結果を出すのは早いものです。

自分を信じることは、簡単なようでそうではありません。自分を信じられるようになるには、自分を好きになること。この好きになることが、同時に自分の心の器を大きくすることになります。

◉1日目のワーク

眠りにつく前に、「今日の幸せだったこと、よかったこと」を3つ挙げてください。「幸せだったこと、よかったこと」は、些細《ささい》なことでいいのです。

たとえば、朝、家のポストに新聞が届いていたこととか、パートナーが、「いってらっしゃい」と笑顔で送り出してくれたこと、会社へ出勤したら職場の仲間が元気に挨拶してくれたこと、初めて入ったお店で注文した料理が美味しかったことなど。

たとえ「叱られた」という出来事でも、「学びになった」と解釈すれば、それはよかったことにカウントできます。

眠りにつく前と仮定して、今、書きこんでみましょう。

今日の「幸せだったこと」「よかったこと」

①

②

③

◉解説

「幸せだったこと、よかったこと」を思い出し、幸せな気分になることで心のエネルギーが蓄積されていきます。

これを日々続けると、そのうち、今以上に自分自身を肯定できるようになり、自分が好きになり、あなたの「器」そのものが大きくなっていきます。つまり、保有できる富の量が増えていきます。

自分が保有できる富の量をさらに増やすために、このワークは明日も、明後日も、毎日続けてください。

2日目

「先入観」と「固定観念」を捨てる
――目の前の宝の山が、見えないのはなぜ？

〝赤いポスト〟しか見えない「スコトーマ」に陥っていませんか？

心理学用語に、**「スコトーマ（scotoma）」**というものがあります。

語源はギリシャ語にあり、日本語に直訳すると**「心理的盲点」**という意味です。

私がかつて那須高原に行ったときのこと。

郵便物を出そうとしたのですが、ポストがどこにも見当たりません。地元の方に訊ねると、「駅前のロータリーにある」というので、ロータリーをくまなく探しましたが、一向に見つかりません。おかしいな……と、ふと目の前を見たら、あったのです！

ポストが。

でもそれは、私が知っている〝赤いポスト〟ではなく、〝茶色いポスト〟だったのです。何でも那須高原では、景観を重視してポストの色やコンビニの看板を茶色に統一しているそうです。私といえば、「ポストは赤色」という固定観念に縛られていましたから、「郵便〒ＰＯＳＴ」と書かれてあるにもかかわらず、目の前の茶色のポストにずっと気づくことができなかったのです。

こうした「心理的盲点」のせいで、見えている物事が、正しく認識できなくなっていることは、いくらでもあります。

たとえば、「子どものころから教えられている常識」や、「学校で教わっていること」もその1つでしょう。「そういわれたから」という理由だけで守り続けていることが私たちにはたくさんあります。**しかし、「なぜ、そうするのか？」と聞かれても、「昔からそうだから……」としか説明できなかったりします。**

子どものころに親から「お金の話は人前でするものではありません」とか、もらったお年玉を数えていると、母親からご飯だと呼ばれ、「お金は汚いから、手を洗ってから食卓に着きなさい」といわれた経験はありませんか？

確かに、大勢の人が触ったお札や硬貨には雑菌がついているのはわかりますが、それはお金に限りません。しかし、このような言い方をされたことで、**「お金＝汚いもの」とか「お金儲け＝悪いこと、恥ずかしいこと」だと、子どもの潜在意識に刷りこまれてしまっています。**これでは、お金を引き寄せたくても、潜在意識の中で拒絶しているので、うまくいくはずがありません。

ちなみに、ロスチャイルド氏をはじめ、世界的な大富豪たちに訊ねたことがあるのですが、彼らの家では、**「お金＝多くの人を救うことができる大切なもの」**として、幼少期からお金の尊い価値を教えこまれるそうです。

まさに、名家の子どもは皆、帝王学を学んでいるのですね。

話は戻って、「過去に失敗したこと」も、心理的盲点をつくる1つの要因です。

すでに成功している人に「この方法でやればうまくいく」といわれたけれど、前に同じ方法を一度試して失敗していると、「うまくいくわけがない」と拒否してしまうことがあります。

以前試したときは、自分のスキルが未熟だったとか、環境や人間関係が整っていなかったという、外部的な要因のせいでうまくいかなかった可能性も多くあるわけです。**過去にうまくいかなかったからといって、今度もまたうまくいかないという理由にはなりません。素直にもう一度試せばいいのです。**

このような「心理的盲点」をとり除けば、成功へ向けた一歩を踏み出すのが非常に容易になります。

「たとえばテレビは、普通の人が意識しないココを見るんだ」

ある大富豪は、こう語ります。**「成功者になりたいなら、普通の人が意識しないものを見ることが必要だよ」**

まさに成功者とは固定観念に縛られず、心理的盲点を克服した人たちなのです。

彼らは、同じものを見ていても、普通の人とはまったく違う観点で物事をとらえていることがよくあります。

たとえばテレビで、「今日は◯◯サービスエリアからの中継です」という場面があったとします。

ほとんどの人は、画面に映し出された内容しか観ていないでしょう。ところが成功している人は、まったく別のところを観ていたりします。

「サービスエリアか。けれど後ろを見ると、ショッピングモールやブランドショップまで入っている。飲食店以外のショッピング客も大勢いるようだから、ここで売れる商品もずいぶん変わってきているかもしれないな。販路として可能性がないか、少し探ってみよう」

こうして、大きなビジネスチャンスをつかむこともあるのです。

「ムッとして怒るのは、こんな思いこみに縛られているから！」

同じ物事も、視点を変えればまったく別の側面が見える事例を、もう1つ紹介しましょう。

秋になって道路一面に赤や黄色の美しい紅葉が積もり、風情のある情景をつくり出していたとします。道路のわきをふと見ると、落ち葉の中に、タバコの吸い殻の山がドサッと捨ててある。普通ならそれに気づいた瞬間、「誰が車の灰皿にたまった吸い殻を捨てたのだろう⁉　ひどいことをするな」と憤《いきどお》るでしょう。

けれども、こうも考えられます。

タバコの葉っぱは、植物。巻き紙はパルプで、フィルターもアセテート繊維という植物でできている。つまり、落ち葉もタバコの吸い殻も、本質的な成分という点では植物であり、ほとんど同じなわけです。

ただ、吸い殻は人間が捨てた汚いゴミ、紅葉は自然の美しい産物だという常識で、私たちは両者を頭から区別しているのです。

そして、条件反射でムッとしてしまうほど、私たちの思考は、吸い殻＝汚いゴミという固定観念に縛られてしまっているのです。

もちろん、だからといって、タバコの吸い殻を道路に捨ててもいいわけではありません。吸い殻そのものより、道路にものを捨てる行為そのものがエチケットに反しているからです。

ただ、こんなふうに、自由な視点を持つことができれば、常識にとらわれている人々が気づかない成功のヒントを、いくらでも発見できるようになるはずなのです。

「ただちに視点を解放せよ！」

では、どうすれば、そういう自由な視点を持てるようになるのか？

それは、実際に、見る視点を変えるのが非常に有効です。

たとえば、こんな簡単なことでもいいのです。思考停止状態から脱却できるのは、確実です。

「いつも同じ方向から見ている絵を、別の角度から見てみる」

「別の立場の人の目で見てみる」

「いつも何かをしてもらっている立場なら、今度は自分が何かしてあげる立場になってみる」

あまりに変化がない生活を続けていると、脳はだんだん思考停止状態に陥っていきます。考えなくていいのである意味ラクですが、脳は新しい見方をすることを面倒に思い、避けるようになります。

一方で、ときどき視点を変えるようにしていると、脳が変化に対してアレルギー反応を起こさなくなり、仕事でも遊びでも柔軟な考え方ができるようになっていきます。

●2日目のポイント

スコトーマ（心理的盲点）に縛られていると、見えるはずのものが見えなくなります。だから物事をいろんな視点から見る習慣をつけておく必要があります。

●2日目のワーク

①コーヒーカップを想像し、その絵を描いてみてください。

②もう1度、コーヒーカップの絵を描いてみてください。

ただし、1回目と同じ絵を描いてはいけません。

①

②

◉解説

多くの人は、横から見たカップ&ソーサーの、少し立体的な絵を描きます。

ところが固定観念を持たずに、新しいことをどんどんつくり出す成功者には、“真上から見たカップ”を描く人が多くいます。成功脳を持つ人が、いかに普通の人と違う視点でものを見ているかを象徴していますね。

では、「ヘビの絵」はどうでしょう？　普通の人はこれをどう描くか？　逆に、固定観念に縛られない人なら、どう描くか？　ぜひ想像してみてください。

3日目

「欠点」を見つめ、「過去のトラウマ」を癒す
――心のブレーキをはずすために

「あなたの欠点は何か？」と訊ねられたら、どう答える？

「君の欠点は、どんなことだい？」

こんな質問をする大富豪が、何人かいました。

しかし彼らは、人の欠点を気にすることはほとんどありません。

ただ、〝すぐに答えられるか〟だけは気にします。　いったいどういうことでしょう？

すでに第1幕の「人生の棚卸し」でもこの質問をしていますが、「たくさんありすぎていえない」とか、「何でしょうね？　いろいろあるとは思いますが……」などと、答えをはぐらかす人がいます。逆に「見た目も性格も欠点だらけ。私って、何てダメ

なのかしら」などと、自分を責める人もいます。

実は、「答えを曖昧にして、はぐらかす人」も、「欠点ばかりだと自分を責める人」も、本質的に抱えている問題は同じです。つまり、きちんと欠点と向き合うことを避けてしまっているのです。

成功してどんなに立派で優秀な人でも、何らかの欠点はあります。

欠点のない、非の打ちどころのない人などいないというのが真実です。

成功者が普通の人と違うのは、きちんと自分の欠点を理解していることです。だからこそ適切に人に助けを求め、自分らしいやり方で、ストレスなく目標を達成していくことができるのでしょう。

欠点を知っているから、快適に生きられる

たとえば、「シャイな性格で、人前で話すのが苦手」という欠点を自覚している人がいたとしましょう。

「シャイ」な部分は本当のところは単なる個性で、シチュエーションによって短所にも長所にもなりますが、成功しにくい人だと、「だから自分は人をうまく説得できない。気持ちを伝えられない。よってリーダーには不適格だ」と判断してしまうのです。

しかし実際の成功者たちは、非常にシャイで人前で話すのが苦手であっても、問題なく経営をこなしています。彼らは人の話を聞くことで信頼感を得ているし、スピーチが必要な場面では部下に任せ、それが逆に人を育てることにもなっていたりします。そうなると、これはもう、逆に「欠点を生かしている」とさえいえます。

つまり、欠点や苦手を克服しようとなんて、まったく考えなくていい。

欠点があるなら、その欠点を受け入れ、苦手なことはやらないか、または得意な人に任せればいいのです。

第1幕のウォーミングアップで挙げていただいた、「どうしても我慢できないこと（避けたいこと）」をしないで成功する手立ては、いくらでも考えられるはずです。

しかし、何が欠点なのかを明らかにしない限りは、うまく避けることができません。だからこそ、自分の欠点をしっかり把握しておくことが、大富豪たちと同じ「成功思考」をつくるために必要なのです。

欠点は誰にでもあります。しかし、その半面、必ず他人より秀でている点もあなたにはあります。そのことも忘れないでくださいね。

「なぜ、心の傷にフタをしてはいけないのか？」

なぜ私たちは、欠点を直視することを避けてしまうのでしょうか？

その理由として挙げられるのは、その欠点による過去の失敗経験がトラウマになっていて、向き合うたびに辛い感情を引き起こしてしまうことです。

たとえば、「人前で話すのが苦手」という人は、幼少のころから現在までのどこかで「人前で話したときに、笑われた、バカにされた」という経験をしていることが多くあります。「人付き合いが苦手」という人も、過去に傷ついた経験を引きずっているのではないでしょうか。

そうした心の傷を癒さないままでいると、それが、「成功したい」と思う心にブレーキをかけてしまいます。無意識に成功をはばむ行動をとらせるのです。

たとえば、あなたが幸せな結婚を願っているとしましょう。

しかし、過去の失恋の痛みが癒えていないと、誰かを好きになりかけたとたんに、「また、あのときのように辛い経験をするのは嫌」という恐怖心が湧いてきて、気持ちを抑えこんでしまうのです。

これではいつまでたっても、「幸せな結婚をする」という夢は叶いません。だからやはり、心の傷は癒す必要があるのです。

過去の傷を引きずっていたら、結局、損をするのは自分自身です。

幸せな成功者たちが使っている「心の傷（トラウマ）」を癒すテクニックは、ぜひともマスターしておく必要があります。

成功を邪魔する「心の傷(トラウマ)」を癒すテクニック

心の傷の中には、幼少期に虐待を受けた〝トラウマ〟などといった、心に根深い影響を与えているものもあります。あまりに重症化した痛みを癒すには、専門のメンタルケアが必要でしょう。

ただ、それほどまではない、ちょっとした苦手意識や心のかすり傷は、次の3つのことを心の中にとどめておけば、癒されていきます。

1．すべてのことに感謝すること

2．自分は生かされていて、周りから愛されていることを理解すること

3．いまだに許せない人を許すこと

この3点を受け入れることで、「ああ、あのときは、相手も苦しかったのだな」と、客観的に状況を判断することができたり、「あの辛い経験のおかげで、優しさが身についた」などと自分の成長に気づけたりするようになってきます。

リストラされた人も、それが次の会社での成功のきっかけになるとしたら、リストラされた経験は〝感謝すべきこと〟になります。

大学受験に失敗したけれど、滑り止めで受かった大学で素晴らしい恩師と出会えた。

だとしたら、受験に失敗した経験は〝感謝すべきこと〟に変わるでしょう。

ある成功者は、部下にお金を持ち逃げされ、あげくは会社を倒産させてしまう悲劇に遭遇しました。それでも彼は、「あのときの経験があったから、会社を再建し、当時の何倍にも事業を拡大することができたんだ。むしろ持ち逃げした彼には感謝しているよ」と笑顔で語ります。


大きな成功の陰には、大きな失敗と辛かった経験が必ずあります。

ですから、**何が起こっても結果オーライの未来になることを自分が確信するなら、今この場で、過去の辛かった経験に対して、「ありがとう」といってもよい**のではないでしょうか。

ひとたび過去の経験に感謝することができれば、あなたは現在の自分をとり巻く環境を、もっと客観的に、ポジティブに見ることもできるはずです。

そうなれば、過去にあなたを傷つけた人から気持ちが離れることもたやすくでき、今、自分を愛してくれる人たちの存在を、もっと強く感じられるようになります。

そのとき人は、過去に出会った人間や過去の自分を〝許す〟ことができるのです。

負の連鎖を断ち切り、心のバランスをとるには、この一言が効く

「ありがとう」という言葉は、発した本人に強力な作用を引き起こします。

たとえばあなたは、真夜中までかかって翌朝のプレゼン資料をつくりましたが、ムダになったとしましょう。恐らくは、ムダにした相手やその環境を責める方向に意識がいってしまうはずです。

そんなときこそ、奮闘した自分自身に対して、「ありがとう」というのです。

そうすれば、たちまち不満や恨み、怒りや不安といった感情がおさまり、「よくやったぞ」というポジティブな感情に満たされていきます。

意識が、外を向くのではなく、内（自分）に向き、よかった側面に意識を向けることが大切なのです。

その後、他者に対しても、「真剣に検討していただき、ありがとうございます」と感謝の言葉で終わればいいのです。感謝で終わったことで、崩れかけた気持ちのバラ

ンスが戻り、あなたの中に、再びチャレンジしようとする意欲が湧いてくるはずです。

「ありがとう」ということによって、私たちは〝ネガティブな気持ちの連鎖〟を断ち切り、プラスのエネルギーにあふれた状態で、目の前の問題に立ち向かっていくことができるようになります。

これが目標達成にどれだけ有利であるかは、すぐに想像できると思います。だからこそ大富豪たちは、「ありがとう」を魔法の言葉と見なし、機会があるたびに口にすることを習慣づけているのです。

◉3日目のポイント

自分の欠点を知ることが大事。欠点が、過去に受けた心の傷（トラウマ）に由来するなら、それを早く癒しましょう。必要なら専門機関の力を借りることです。

◉3日目のワーク

自分の欠点を３つ書き出してみましょう。

①
②
③

次に自分の好きなところを10個書き出しましょう。どんなことでもOKです。あらゆる面を肯定して、「これから好きになること」でもいいので挙げましょう。

①
②
③

④

⑤

⑥

⑦

⑧

⑨

⑩

4日目

所有できるものの数には、限りがあると知る
――さらに価値あるものを得る秘訣

「なぜ大富豪たちは、余計なものは極力、持たないのか？」

大富豪の家にお邪魔してすぐに気づくのは、隅々までキレイに掃除されていて、置いてある **〝もの〟の数が非常に少ないこと**です。

家具や装飾品は高級な、それなりのものが揃《そろ》っていますが、ソファとテーブル以外は、花を生けた花瓶と、絵が飾ってあるくらいではないでしょうか。

よくテレビに出てくるお金持ちの家には、リビングや飾り棚に美術品がずらりと並べられ、車なども何台もあるという演出がされますが、実際の幸せな大富豪にあまりそういう方はいません。いるとしたら、見栄をはっている不幸な成功者でしょう。

これは成功者のオフィスでも同じです。間違っても幸せな成功者が、何年も前の賞状とか、ゴルフで獲得したトロフィーで社長室をいっぱいにしていることはありません。必要なもの以外はほとんど置いておらず、きれいに片づいています。

なぜ彼らがものをあまり持たないかといえば、「所有物が多くなると、新たなものが入ってこない」と知っているからでしょう。

人が所有できるものの数には限度があり、それが満たされていると、それ以上のものは、不思議と入ってきません。

だから彼らは、所有する商品に価値は求めても、その量は極力抑えているのです。

経済的にうまくいっていない人ほど、大量のものを持っている傾向があるようです。

「この先、何かに使えそうだからとっておこう！」

「使わないけど、捨てるのはもったいない……」

こんなふうに、使わなくなったものや、いただいた土産品、スーパーで配られた試供品やオマケが、たくさんあふれていませんか？

気をつけなくてはならないのは、たとえこうした〝使わなくなった不要なもの〟で

あっても、所有している限り、1つの所有数としてカウントされることです。

すでに器が満杯状態であれば、いくらあなたの収入が増えて、もっと高価でもっと価値のあるものを手に入れられるようになったとしても、許容量オーバーで手に入れることが不可能になってしまいます。

それどころか、試供品を受けとる代わりに、キャパシティーを超えた器から高価なものを失ってしまうことすらあるのです。

そんな状態は、何としても改善しなければなりません。

さあ、どうやって？

「これは君が持つほうが、ふさわしいね！」

ものを持ちすぎている状態を、どう改善するかといえば、答えは簡単。いらないものをどんどん手放していくことです。

「これは君が持ったほうがふさわしいね！」

大富豪たちはよく、自分の高価な愛用品を人にプレゼントすることがあります。

それは本当にビックリしてしまうほど豪快です。

「これは、私が昔苦労して手に入れた逸品だけど、若い人向けのデザインだから、今はもう君のほうが似合うね」と、高級腕時計を試しにつけさせてみて、似合えばそのままあげてしまうとか、新婚夫婦が挨拶にきたときなどは、**「お祝いとして、好きな絵か家具を1つあげよう」**と、おっしゃることもあります。

彼らにしてみれば、手放したことで、また新しいものを手に入れる機会が訪れるのです。だから執着はまったくないというわけです。

さらに上をいく幸せな大富豪になると、自分の所有していたものを一気に手放すということをします。

そう、誰もが見学できる美術館などをつくるのです。東京急行電鉄（東急グループ）の創業者である五島慶太氏の「五島美術館」や、出光興産創業者の出光佐三《さぞう》氏の「出光美術館」は、こうしてできたものです。

むろん、それはあくまで大成功者たちの話ですが、**もう着なくなった服やバッグなど、単に「高かったから」というだけで所有しているものこそ、執着を捨てて気前よく誰かにあげてしまえば、あなたの器にスペースができますし、ほかの人を喜ばせる結果にもなる**のです。

もちろん、中古品ショップやオークションで売るとか、思いきって捨てるという選択もあるでしょう。

いつ捨てるかの目安としては、普段着や日用品であれば、1年以上使っていなければ手放してしまっていいでしょう。当然、何から何まで手放してしまえというわけではなく、思い出の品や記念のアルバムなどは大切にとっておいてかまいません。

これをこっそり捨てれば「心も整理できる」

〝もの〟を手放すと、〝心〟もスッキリすることはよくあります。

たとえば、ある問題で悩んでいて、「いい方法はないか？」と焦れば焦るほど、解決の道が遠のくような壁に遭遇したとき。そんなときに〝大掃除をする〟と、意外に効果的なことがよくあるのです。

大量のものを捨てて、何となく心がスッキリすると、「あっ、こうすればいいんだ！」と妙案がひらめき、一瞬で悩みが解決することはよくあります。

「古い考え方を捨てないと、新しい考え方は入ってこないよ」

そう教えてくれた大富豪がいました。

「家の中にものがあふれている状態だと、〝心の器〟〝頭の器〟も同時に満杯になってしまう」と成功者たちはいいます。そうなれば、新たな「知識、ひらめき、情報」などの、目に見えないものも、それ以上は入ってこなくなってしまうと考えるのです。

「3週間で人生を変えよう」という主旨の本書をあなたが手にしたのも、あなたにとっては大きな転機なのでしょう。

この際、「古くからあるいらないもの」をごっそり処分し、スッキリした頭で「新しい考え方」を受け入れてみてはいかがでしょう？

成功者たちの思考や習慣、感性が、すんなり心地よく、頭に入ってくるはずです。

◉4日目のポイント

貧乏人もお金持ちも、人の所有できるものの数は一定です。だから所有しているものの質を高めるには、今、持っている余分なものを手放す必要があります。

◉4日目のワーク

身の回りをチェックし、「捨ててもいいと思うもの」「手放したほうがいいもの」を書き出してみましょう。

（例）顔も会社もわからなくなっている相手の名刺、書類、文房具、古い鞄、気に入らない服など。書き出したら、今日のうちにいくつかを処分しましょう。

古いくつ、きない服、書類、使わない小物

5日目

常識を疑ってみる
——ムリなくラクに勝利するために

「コインの裏側を見なければ、チャンスはないよ」

「コインの裏側を見なければ、チャンスはないよ」

ある大富豪からいわれた言葉です。

〝コインの裏側〟というのは、世間一般で信じられている常識の反対側にある真実。

本当に価値のあるものも、ビジネスを飛躍させるチャンスも、世間の人々が気づいていない常識の反対側にあることが多いのです。

そこを正しく見定める力をつけない限り、ビッグな成功者になることはできません。

そもそも、世間でいう「常識」の、99％は〝仮説〟にすぎないという説があります。

それどころか常識といわれるものの中には、真実とは違っているものさえあります。

たとえば、「ネズミはチーズが大好き」というイメージが世間にはあるようです。

しかし実際には、ネズミは嗅覚が発達しているため、チーズのような発酵臭の強い食べ物は大の苦手であり、口にするどころか、避ける傾向すらあります。

なのに、なぜ私たちが「ネズミはチーズが大好きだ」と信じているかといえば、やはりメディアなどによる〝刷りこみ〟によるところが大きいのです。

昔、見たマンガにも、ネズミがチーズを一生懸命に追いかける姿が描かれていたでしょう。常識は必ずしも、真実をあらわしているわけではないのです。


こうした世間一般の常識を疑い、誰も見ようとしなかった真実を見つめ、そこに可能性を見出すのが成功者です。

たとえば、画期的な発明品をつくったけれども、まったく売れなかったとします。

するとメディアは、「そもそもそんな商品にニーズはない」「もっとよく消費者のニーズを調べるべきだ」と、企業を批判します。

その数年後、別の会社がほとんど同じ商品を発売したら、普通、これが売れると考えるでしょうか？

アップル社が「ｉＰｏｄ」を開発したときがまさにこの状況でした。普通なら、「前に他社が失敗しているからムリだ」と考えるところを、スティーブ・ジョブズは「これは素晴らしい商品だ」と派手に宣伝し、見事に大ヒット商品に変えました。

メディアのいうことを鵜呑みにしていたら、このヒットはあり得なかったでしょう。常識の99％が仮説にすぎないとすれば、世の中の90％の凡人、すなわち成功できない人たちは、たった1％しか解明されていない真実の中で富を奪い合っているようなものです。

しかし、たった10％の成功者たちは、むしろ残り99％の真実を探索しながら自由にビジネスを展開しているでしょう。彼らが莫大な富を得られるのも、当然なのです。

先入観をぶち壊せ！
——常識にとらわれない自由な視点を持つには？

そこで私たちが「成功思考」を獲得し、世間一般の常識を超えていくには、いったたい何をすればいいでしょうか？

まず1つは、今、自分の周りをとり巻く世界で、当たり前だと思っていることを疑ってみることです。

学校でずっと教えられてきたことや、メディアでいわれていること、また毎日習慣的にやっていることが、必ずしも正しいとは限りません。

２０１４年に青色発光ダイオード（ＬＥＤ）の発明、開発で、赤崎勇氏、天野浩氏、中村修二氏の３人がノーベル物理学賞を受賞しました。

このＬＥＤの開発は、もともと科学的に実現不可能といわれていた技術でした。でもこの３人は、「不可能なはずがない！」と考えたからこそ偉業を成し遂げることができたのです。

時代はどんどん変わっているのです。古い常識にとらわれていたら、チャンスは逃げ去っていくばかりではないでしょうか。

もう1つは、これからあなたが出会う未知なるものに対して、他人の言葉や、自分の経験に基づく先入観のフィルターをかけないこと。

固定観念を捨てて、素直な目で事実をありのままに見ることが大切です。

わかりやすい例では、過去に出会った会社の怖い上司に似ているというだけで、まだよく知らない初対面の相手を拒絶して、距離を置いて付き合うようにするなど。

そんなことをすれば、貴重な話を聞くチャンスを、フイにするかもしれません。

また、映画やドラマで悪役を演じることが多い俳優たちは、プライベートで街を歩いているときに、周囲から冷たい視線を浴びるそうです。子どもからならともかく、大の大人からでさえ、冷たい目で見られるとのこと。

意地悪な性格は、映画やドラマの役柄のうえの話であり、実際は違う人格なのに！

ほかにも、せっかくいい話を聞いても、それが自分にとって未知の話であれば、やはり人は、先入観で判断してしまいがちでもあります。


人間はどんな場合も、知らないうちに先入観に支配されがちな生きものなのです。

普段自分が習慣にしていること、会社で当たり前のようにしていることについて、1つひとつ「なぜやっているのか？」「本当にそれが正しいのか？」と疑ってみる。

そんなことの積み重ねから、先入観にとらわれないようになっていきます。

◉5日目のポイント

世間一般で常識と思われていることが、必ずしも真実とは限りません。そこには誰も気づかなかったチャンスが埋もれている可能性もあります。

◉5日目のワーク

あなたが日課としている行動や習慣を、思いつく限り書き出してみましょう。

（例）夜寝るときにカーテンを閉める

書き出した行動や習慣の1つひとつに対し、次の疑問をぶつけてみましょう。

①それはいったい、何のためにやっているのでしょうか？

（例）カーテンを閉めたほうが熟睡、安眠できる。冬は部屋を温かく保てる

②それは本当に、やる必要のあることでしょうか？

（例）眠りに落ちてしまえば、暗くても明るくても関係ないのでは？　部屋を保温できるというなら、冬以外は必要ないのではないか？

③その行動は、その方法でやる必要がありますか？　別のやり方はないですか？

（例）外の月明かりが気になって眠れないのは過去の先入観。小さいころの習慣にすぎない。冬以外の季節は、寝るときにカーテンを閉める必要は見当たらない

④その結果、どのようなメリットを享受できるでしょうか？　そして、もしその習慣に変えたほうがいいと思うなら、明日から早速、それを試してみましょう。

（例）カーテンを開けて寝れば、日の出の光が射して早起きしやすくなる。朝日には、眠気を誘うメラトニンを抑制し、高揚や落ち込みをコントロールする作用があるので感情も安定する。また、早朝は脳が活性化しているのでクリエイティブな仕事がはかどる。日中の活動時間も長くなり、ライバルに差をつけられる

6日目

言葉の使い方を、注意深くチェックする
——「言い回し」が脳に与えるすごい影響

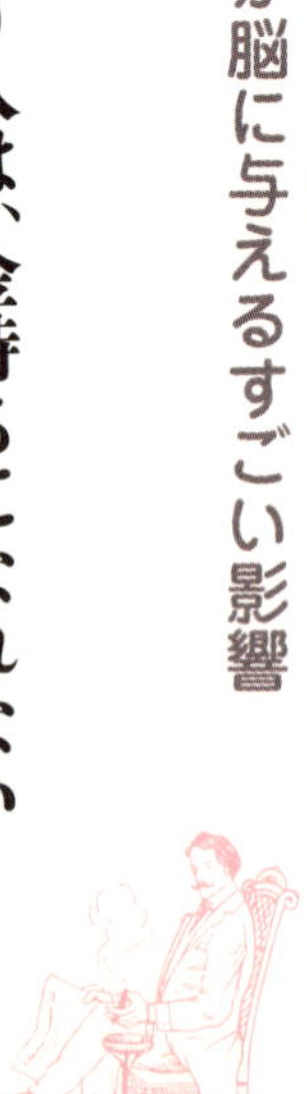

「お金がない」という人は、金持ちになれない
——話し方1つで、未来がわかる

「お金がないといっている人が、お金持ちになれないことは知っているね？」

ある大富豪から、こう教えられました。あなたも同じような口ぐせがありませんか？

「お金がない！　忙しい！」

私はこうした言葉を常に口にしている人で、お金に恵まれている人や、心満たされた優雅な人生を送っている人に会ったことがありません。

人はその言葉を口にすればするほど、潜在意識にその言葉がインプットされ、無意

識のうちにそうなる行動をとるようになります。

脳は、口ぐせにしている言葉を「目的」として認識し、そうなる行動をとらせるように無意識下で指示を出します。ですから、「忙しい」といい続けている人は、いつまでも時間に振り回されて、慌てふためいた生活を続けることになりますし、「お金がない」といっている人はその言葉通り、「お金がない」状態がずっと続いていくことになります。こんな口ぐせがある限り、成功することはもちろん、充実した毎日をすごせるようにもならないのです。

6日目のワークは、普段に使っている、こうしたネガティブな〝言葉〟を変えていくものです。

夫婦の日常会話について、ある調査結果があります。それによると、**妻や夫に対する否定的な発言が、肯定的な発言の5倍を超えると、その夫婦は94%の確率で離婚する**というものです。「ダメな夫ね」「気が利かない嫁でして……」などと冗談や謙遜《けんそん》のつもりでいっていても、だんだんと言葉は潜在意識に浸透し、本当に相手を「ダメだ」「気が利かない」と認識するようになってしまうのです。

「成功者になる口ぐせ」、つい使いがちな「自信を奪い去る口ぐせ」

「自分にはムリだ」とか、「できるわけがない」という言葉も、毎日繰り返すほど、何をするのも「ムリ」であり、「できるわけがない」人間になっていくのです。

ほかにも、「あり得ない！」「最低！」「ひどい‼」などの言葉も同様です。

別に、自分や他人に対していっているわけではないから、影響はないだろうと思うかもしれません。

しかしその言葉を使うたびに、脳は自分で自分を「あり得ない」と否定するため、自信はなくなり、性格も消極的になっていくのです。そんな暗い雰囲気の人からは周りの人もどんどん離れていきますから、助けを得られにくくなり、幸せな成功者になれる可能性も遠のいていきます。

否定的な言葉や悪口は、何としても日常生活から排除しないといけません。

それが幸せな成功者になるための条件です。

口ぐせが潜在意識に浸透し、現実の行動を変えていくとすれば、当然私たちはその効果を意図的に利用することもできます。

「とっても幸せ」

「嬉しいな」

「楽しいな」

こうした言葉を普段から口にしていれば、現実にあなたの生活には「幸せなこと」や「嬉しいこと」「楽しいこと」が頻繁に起こるようになります。

それもやはり口ぐせが潜在意識に自然とインプットされ、「幸せなこと」「嬉しいこと」「楽しいこと」が起こるような行動を、無意識のうちにするようになるからです。

「私は絶対にうまくいく！」

「このアイデア、必ず皆喜ぶぞ！」

口ぐせがこのような言葉であれば、気づいたときには、あなたはすでに幸せな成功者になっているかもしれません。

では、ネガティブなことが起きたら、どう表現するのか?――断固として回避するコツ

世界的なアスリートは、試合で負けても決して、「負けてしまった」とはいいません。では、何というかというと、こうです。

「勝てませんでした」

テキサス・レンジャーズのダルビッシュ有選手が、打たれて、たった4回で降板させられたときも、インタビューで「今日はずいぶん打たれましたね。調子が悪かったんですか?」と聞かれ、彼は「調子が悪かった」とはいいませんでした。

「調子が、よくはなかった」といったのです。

潜在意識にインプットされる言葉というのは、ほとんど名詞の部分なのです。だから「負けてしまった」といえば、「負け」という言葉がインプットされ、「勝てなかった」といえば、脳裏、すなわち潜在意識にファイルされるのは「勝」という部分のみ。「次は勝つぞ」というメッセージが入力されます。

「失敗した」は、**「うまくいかなかった」**。

「悪い結果だった」は、**「いい結果にならなかった」**。

「まずい」は、**「美味しくない」**……などなど。

何事にもプラスの言葉を使っていけば、必ず結果もプラスに好転していくでしょう。


さて、このような少し回りくどい言い方を、よく政治家がしていることに気づいたでしょうか？　「悪い行為だった」ではなく、**「適切ではなかった」**など。

彼らは、ネガティブな言葉が自分だけでなく、相手にも影響を与えることをよく心得ています。有権者らにいいイメージを持ってもらうため、相手の潜在意識に好感を持てる言葉（印象）をインプットしているのです。

ポジティブな言葉は、自分だけでなく、相手にもプラスの印象で伝わりますから、ぜひ実践することをおすすめします。

◉6日目のポイント

日ごろ使っている言葉は、脳に「目的」としてインプットされ、無意識に私たちの行動に影響を与えます。幸せにつながる言葉を口にすることが大切です。

◉6日目のワーク

①自分の口ぐせを3つ挙げてください。身近な人に聞いてみてもいいでしょう。

①

②

③

②次のような幸せを引き寄せる言葉を、1日最低でも20回、使うようにしてください。使うことによって、あなたに起こることも変わってくるからです。

とっても幸せ／楽しいな／嬉しいな／ありがとう／感謝します／最高ですね

(例) ありがとう…12回　嬉しい…3回　楽しい…3回　感謝します…2回など

7日目

大富豪のように一日中〝幸せな気分〟ですごす

——エネルギーを効率よく使うコツ

「〝苦手なニンジン〟は真っ先に食べてしまおう」

幸せな成功者は、**「時間の自由」**と**「経済の自由」**を手にしています。

つまり、時間にも金銭にも余裕があるので、切羽詰まったギリギリのスケジュールの中で嫌なことや辛いことをしてまで、お金を稼ぐ必要がないわけです。

昨日は上海で会食、今日はモナコでパーティーに参加と、気の向くままにスケジュールを立て、すべての瞬間を満喫しています。

そして好きなことだけしかしていないのに、出会った人脈への投資で、資産はいつの間にかますます増えている、といったことが起こるわけです。

これから幸せな成功者を目指すという人は、残念ながらそこまでの快適な生活を手に入れてはいないでしょう。

会社勤めをしている人は、当然、上司の指示に従わなければなりませんし、経営者の立場にある人でさえ、お客さまの都合に合わせなければならないときがあります。好きなことをして丸一日をすごせる人など、大成功者を除けば、すでに引退して時間を自由に使える方ぐらいではないでしょうか。

しかし、そんな制約があっても、大富豪のように〝ストレスのない幸せな一日〟をすごせるよう、ここで毎日を改善していくことを考えていただきたいのです。

「私たちの1日」を「大富豪の1日」のように変える方法は、いくらでもあります。

その1つが、**「したくないことを真っ先にやってしまうこと」**です。

すでに第1幕で、「どうしても我慢できないこと（避けたいこと）」をピックアップしました。「上司への報告」「取引先に電話をかける」「お客さまへメールを送る」など、そんな〝気がすすまないこと〟を、できるだけ1日の始まりに、真っ先に片づけてしまうのです。

嫌なことを先延ばしにしていれば、それがずっと頭の中から離れず、心のエネルギーを浪費してしまい、目の前の仕事に全力を注げなくなります。

ですから1日の大半を幸せな大富豪のように気分よくすごすために、まず嫌なことを最初に片づけてしまって、そのあとの時間をスッキリ気分よくすごせるようにしたほうがいいのです。

また、苦手なことを先に片づければ自信がつき、自分が好きになっていくというメリットも得られます。

「コーヒーの香りでハッピーな気分を満喫してごらん」——小さなことにも、幸せを見出す

「幸せなことなんてない？　そんなことはないよ。小さなことにでもいいから、幸せを感じるようになりなさい」

これは大富豪から教えていただいた、1日を幸せな気分にする方法の1つです。

すでに1日目のところで、「寝る前に今日よかったと思ったこと、幸せを感じたこ

とを3つ挙げる」というワークをしました。

これは〝習慣として毎日続けること〟としたのですが、7日目の今日も継続しているでしょうか？

そのときの答えと重なってもかまいませんので、「幸せだ」と思うことを日常生活の中から、3つほど挙げてください。「小さな幸せ」には、どんなことがあるでしょうか。

・出がけにパートナー（妻や夫）が、「いってらっしゃい」と声をかけてくれたこと
・目覚めたら快晴だったこと
・子どもや両親が、病気や怪我もなく、元気でいてくれること
・ランチや夕食を、とても美味しく食べられたこと
・街でステキな女性、あるいはカッコいい男性に遭遇したこと
・外を歩いていたら、花のいい香りが漂ってきたこと

昨夜まで元気だったのに、翌朝には目が覚めずに亡くなってしまう人が、日本には、

年間1万人もいます。それを考えたら、朝起きて今日1日を無事にすごせること自体、本当に幸せなことですよね。

こうした日々、当たり前にできていることに感謝し、「自分は幸せだな」と意識してみるのです。

1日に3分でもいいから、「ああ、これは幸せなことなんだ」と頭に思い浮かべるだけで、心のエネルギーはどんどんたまっていきます。

1カ月、1年と続けていけば、ビックリするような変化が訪れそうな気がしませんか？　毎日、幸せな気分でいる時間を多くつくればつくるほど心のエネルギーは高くなり、上司と話したり、お客さまのところへ出向いたり、あるいは先延ばししたくなるような苦手なことにも、チャレンジできる体質になっていきます。

仮にそういう時間を持たなかったとしたら、日々、その3分間を「ひどい1日だった」とか、「誰々がムカつく！」などと、自分のエネルギーを減退させることに費やしてしまう恐れもあるのです。

あなたは、成功者になるから幸せになるのではなく、幸せになるがゆえに、成功者

にどんどん近づいていくのです。そのことをしっかり頭に入れておいてください。

もう1つ、毎日がワクワクする、とっておきの方法がある！

心に、幸せのエネルギーをためるもう1つの方法は、**「毎日、生まれて初めてすること」にチャレンジする、**というものです。

生まれて初めてのことをすると、どんな気持ちになりますか？

たとえば、初めて社会人として出勤する日や、高校や大学に入学したとき。あるいは初デートや初海外旅行。初めて車の運転をしたときなど……。ドキドキと緊張するとともに、未来を期待してワクワクする幸福な気分を味わっているはずです。

それを毎日、意図的に体験してみるのです。

難しいことはありません。レストランで今まで食べたことのないメニューを注文するなど、簡単なことをチョイスしていけば、いくらでも毎日、ワクワクをとり入れることができるのです。

人は、ある程度年齢を重ねると、「今さら新しい経験などしても意味がない」と考えるようになりがちです。

しかし、70歳をすぎてからパソコンを触ってみて人生が変わったという人や、80歳から外国語を習い始めて世界が広がったという人もいるのです。

そうした小さな一歩が、大きな人生の変化を引き起こしていきます。毎日が、今までより、ずっと幸せと新鮮な輝きに包まれたものに変わります。

◉7日目のポイント

小さなことに幸せを感じて、プラスのエネルギーをためていきましょう。嫌なことを朝一番に片づけられるような、タフな心がつくられます。

◉7日目のワーク

小さなことでもいいので、毎日1つ、「生まれて初めてのこと」にチャレンジしてみましょう。どんなことができそうか、思い当たるものを書いてみてください。

（例）箸を利き手でないほうの手で持って食べてみる／通ったことのない道を通ってみる／新しい店に入ってみる／話したことのない人に話しかけてみる／休日には、行ったことのない場所を訪ねる／初めての遊びにトライする

第1週　思考をリセットする（成功をはばむ習慣を捨てる）
THE RULES OF MILLIONAIRES

第2週

幸せな大富豪の思考・感性・習慣を吸収する

1週目は、古い習慣や考え方をリセットしました。2週目からは、いよいよそこに「成功者の思考法」を構築していきます。

8日目

成功者の「時間感覚」をマスターする
——信頼の基盤を築く

「この世の中で一番、貴重なものは何だと思う?」

まずは大富豪のこの問いに、何と答えるか考えてみてください。

「この世の中で一番、貴重なものは何だと思う?」

成功者たちの答えは、決まって「時間」です。大富豪や幸せな成功者は、次の4つの問題に関して、完全に自由でありたいと考えています。

「お金」「時間」「健康」「人間関係」

どれもが非常に貴重なもの。しかし一番神経を使っているのは、何といっても「時間」です。なぜかといえば、やはりそれが一番、自分の思い通りにコントロールしにくい特徴のものだからでしょう。

実際、「時間」には、4つの特徴があるように思います。

1. 有限である
2. 他人に譲渡することも、売買することもできない
3. 元に戻せない
4. いつ失われるか、つまり、いつ死ぬかわからない

この世に生きる誰にとっても平等に、1日は24時間、1年は365日が与えられています。無一文の人でも、巨万の富を得たお金持ちでも変わりありません。

しかも、どんなに努力しても時間が増えることはないし、いくらお金を使っても時間それ自体を増やしたり、買ったりすることはできないのです。

やりたいことを全部経験してハッピーな生活を満喫するためには、限られた時間を有効に使うしかありません。だとすれば、成功者たちが時間の使い方に対して、非常にシビアになるのも当然でしょう。

3つのスピード感を身につけることが必要

基本的に成功者たちは穏やかな人たちばかりなのですが、それでも1分でも待ち合わせの時間に遅刻すると、不機嫌になる方は大勢います。

もちろん自分自身でも**「遅刻すれば、他人の時間をムダにすることになる」**と自覚していますから、遅刻はほとんどしません。

時間そのものを増やすことはできませんが、かかる時間を短縮し、効率をあげることはいくらでもできます。そして、**「スピードアップのためには、いくら投資してもかまわない」**と考えるのが、世の成功者たちなのです。彼らがプライベートジェットを持つのも、そのためでしょう。

通常の旅客機に乗る際も、彼らはよくファーストクラスを使います。それは同じ時間でも、よりゆっくり休息がとれ、ほかの乗客である成功者たちと交流でき、同じ時間を価値あるものにできるがゆえの選択なのです。飲み放題の、高価なお酒を飲むことに夢中になっている人など、まずいません。

成功者たちは、少々「せっかち」に見えるかもしれません。しかし、この時間意識を共有できないと、ムダにする時間が多くなり、自分の成長速度も大きく減退します。

①約束の時間を厳守する……相手の時間を奪わない

成功脳をつくるには、まず私たち自身も、時間に厳格にならねばなりません。

基本は何より、「約束の時間を守ること」でしょう。

会社の始業時間はもちろんのこと、待ち合わせでは、最低5分前には現地に到着するようにしていたいものです。

人の信頼は、まず約束を守ることから。約束の時間通りに行くことは誰にとっても大変なことです。また、仮に数分遅れたとしても、大きなペナルティを課せられることは、まずありません。それでもきっちり約束を守ることで、ビジネスパートナーや身近な人々からは、「苦境に陥っても、この人ならやり遂げるだろう」という信頼を持たれるようになります。そうなれば、やがてあらゆる人たちが、幸運をもたらすいい話を持って、あなたのもとに集まってくるでしょう。

②決断に時間をかけない……遅くなるほど損をする

成功者とレストランに行けば、メニューを決めるのが、ものすごく早いことに気づくでしょう。メニュー全体を見終えた瞬間に頼んでいることがほとんどです。

この決断の早さは、おそらくは普段からのくせ（習慣）だと思われます。

経営でも決断をしない限り戦略は成り立ちませんし、極端な例では株式の売買など、数秒の迷いで大きな損失が生まれることだってあるからです。何より決断が第一で、彼らは物事を選択するのに躊躇《ちゅうちょ》しません。

ちなみに、決断が遅くなればなるほど、成功は遠のきます。

なぜなら人間は、基本的に保守的にできており、迷えば迷うほど、最終的に現状維持を選ぶ傾向にあるからです。

だから、迷って決断を先延ばしにすれば、結局、「やっぱりやめておこう」となります。これでは現状を変革し、さらに上の自分に成長していくことはできませんね。

「決断して失敗したら、より悪いのではないか」と思いますか？

しかし、成功する人は決断が早いぶん、「この方法ではうまくいかない！」と判断するのも早いのです。すぐに方針を変え、軌道修正を何度か重ね、最終的には必ず目的を達成します。

いいえ、当初の目標より大きな目標を達成してしまうことすらあります。

成功者が決断し、トライ&エラーを繰り返して進化している間、決断しない人は現状のまま知識も経験値も増えないわけです。これでは成功できないのも当然でしょう。

決断する際に、不安がよぎるのは理解できます。ただ、〝すぐ決める〟ことに慣れると、**即断しても、あとで「そう決断しなければよかった」と後悔することは少ない**ことに気づくでしょう。

何となく「そうしようかな」と思った人間の直感は、おおむね正しいのです。
「ちょっと考えてから返事します」と、何事も先延ばしする傾向のある人は、即決するトレーニングが必要です。

③「成功者の早起き」を心がける……夜型は直せる！

朝は、思考能力も高く、体も活発に動きます。時間を大切にするなら、やはり朝の時間を十分に活用すべきでしょう。

やはり多くの大富豪は、早起きです。朝から仕事や運動、また読書をするなど、時間の使い方は人それぞれです。

おそらく、「自分は夜型だ。どうしても朝早く起きられない」という読者の方はいるでしょう。しかし人間の体内時計は、誰でも24時間10分という、1日より10分長い時間でセットされています。その10分の調整をするのが、脳の松果体《しょうかたい》という部分で、日光を浴びることにより、「メラトニン」というホルモンを分泌し、体内時計を調整するわけです。ですから**とにかく朝日を浴びれば、自動的に調整される**のです。

では何時に起きるのがいいかといえば、日の出の時刻に関係するので、夏季と冬季で異なりますが、**冬はだいたい6時**。夏は4時すぎくらいが理想ですが、会社勤めをしている人は大変でしょうから、**夏は5時くらい**でいいでしょう。

ちなみに早起きが苦手な人は、「早く起きる努力」ではなく、「早く寝る努力」が大切です。床に着くのは11時。遅くとも12時には寝るよう、心がけるべきでしょう。

●8日目のポイント

時間は誰にとっても限られた貴重な財産だと心得ること。ムダに費やすことなく、また、他人の時間を奪うこともなく、価値を生み出すことに使いましょう。

●8日目のワーク

①約束の時間の5分前には、待ち合わせ場所に到着すること。
②レストランに入ってメニューを通して見たら、10秒以内に決断。
この2つの習慣は、毎日続けてください。

9日目

「ネガティブ思考」を徹底的にブロックする
——チャレンジする意欲を奪われないために

「テレビのニュースなんて、観ていてはいけないよ」

大富豪たちには、テレビやインターネットの無料情報サイトからは、情報を入手しないようにしている方が多くいます。

その理由は2つ。

1つは、**無料のメディアからは価値のある情報は得られない**と、確信しているから。新聞もテレビも、インターネット情報のあと追い情報ですし、そのインターネットも、無料サイトは信憑性が低い。そもそも本当に価値ある情報が、無料で出回ることなどないのです。

もう1つの理由は、**無料のメディアにはネガティブな情報があふれているから**です。連日のテレビ報道から流れてくるのは、殺人事件や自殺、企業倒産や戦争、災害など、暗いニュースばかり。**ネガティブな情報は、チャレンジする意欲を奪いますから、極力触れないようにしているというわけです。**

誤解してはいけないのは、決して成功者が、社会の動きや世界の情勢に無関心というわけではないということです。それこそビジネスに関わる会社の倒産情報や、戦争などを含めた海外の災害情報などは、現地のスタッフや知人といった、彼らがそれぞれ持つ、独自の〝ホットライン〟から真っ先に入手しています。

しかしながら、その被害映像を何度も確認する必要はありません。ましてや行政を批判する番組や、芸能人の離婚劇などのゴシップ、惨殺事件の詳しい状況やその原因を知らなくたって、彼らの日常やビジネスに支障をきたすことはありません。

それでなくても人間の脳は、自分の生命を守るという本能のために、ネガティブな情報に敏感に反応するようにできています。生命をおびやかす危険に関する情報であれば、今の自分には、まったく関係のないことでも、過剰に反応してしまいます。

たとえばスイス・アルプスの登山電車の事故で、大勢の人が亡くなったとしましょう。すると自分は遠く離れた日本にいても、脳内では「今日電車に乗って事故にあったらどうしよう」という反応が起こっているわけです。

そして出張で新幹線に乗るのも不安になったり、外出やレジャーなどを控えたりといった反応があらわれてきます。

こうして、自由な行動が妨げられ、モチベーションも下がるということが起こります。

ネガティブな情報は、結局、ネガティブな結果しか生み出さないのです。

友人に、非常に優秀な殺人課の刑事がいますが、彼は24時間、惨忍な事件に接しているせいか、あらゆる判断やものの見方がネガティブになっています。

世の中には非常に貢献しているし、感謝すべき素晴らしい仕事をしてくれている彼がそういう思考になってしまうのは、少し気の毒に思います。

「何事もポジティブに考えなさい」——1億円を失ったら？

「今回はうまくいかなかった。まあ、いい勉強をした」

その授業料となった額が、1億円の損失だった……！
実際の億万長者には、こんなふうに極端なくらいに楽天的に考える人が多くいます。
だから、ソフトバンクの孫正義さんやユニクロの柳井正さんのように、何度大きな失敗をしても、新しい事業にチャレンジできるのでしょう。
ネガティブに考える傾向のある人は、ムリにでも自分にとっていい方向に解釈する習慣をつけることです。
たとえば、50歳の誕生日を迎え、「もう50歳か」とため息が出そうになったら？

「50歳か、まだまだ若い！　人生はこれから！」

仕事でミスをして叱られたら？

「早く一人前になってもらいたいと思って叱咤激励してくれた。ありがたい！」

スキーで足を骨折したら？

「首の骨でなくてよかった。これからはもっと注意して、技術を上達させよう！」

こういってみたところで、ガッカリした感情は変わらなかったとしても、それでも「かえって、これはいいことなんだ」「おかげで正しい方向に軌道修正できた」と、ポジティブな解釈をし続けるのです。

繰り返すうちに、あなたの中に〝本物のポジティブ思考〟が定着していきます。

「えっ、そこまでポジティブに⁉」——両親が亡くなったら？

「自分の両親が亡くなったときでも、亡くなった親や自分に対して、『おめでとうございます』といいなさい」と、ある大富豪に教えられたことがあります。

さすがにこれには驚きましたが、理由を聞いて、「なるほど」と思いました。

大切な人が亡くなれば悲しいに違いない。しかし、人は誰でも１００％死ぬものであり、それが早いか遅いかの違いである。

しかも、最大の親不孝とは、子どもが親より先に死ぬことだという。そう考えれば、自分の親が、自分より先に死んだことは、最大の親不孝を味わわずにすんで、よかったととらえられる。

また、100％死ぬとしたら、ただ長く生きるよりも、「幸せだったかどうか」「やり残したことはないか」ということのほうが重要だ。「おめでとう」というのは、「トータルで幸せな人生だったね」「すべて成就してあの世に行けたね」とその人の人生を肯定することだから、一番正しい言葉なんだよ——というわけです。

ネガティブなことを考えたときに、「ああ、また私は悪い方向に考えている、ダメだなあ」などと自分を責めると、ネガティブのスパイラルにはまっていきます。

こういうときは、**「今日食べるものがあり、着る服があり、雨風を凌《しの》げる場所があるならば、それらのない世界の75％の人々よりも、格段に幸福に恵まれている」**という事実を思い出してください。感謝とポジティブな感情が湧いてくるはずです。

◉9日目のポイント

無料の情報やネガティブな情報には触れないこと。ネガティブ思考に陥ったときは、「おかげで○○せずにすんだ、結果オーライ」と考え、気持ちをリカバー。

◉9日目のワーク

今日起きたネガティブな出来事をポジティブに解釈してみましょう。

①起こったネガティブな出来事はどんなことでしたか？

②それをあなたは、どうポジティブに解釈しますか？

①

②

10日目

「間違ったポジティブ思考」では、成功できないと知る
――迷いや不安を晴らすために

ポジティブ思考にも、「成功するもの」と「しないもの」がある

「成功したければ、常に物事をポジティブにとらえなさい」

古くから多くの啓蒙家たちが、こう述べてきました。

そして、その理由を心理学的観点から述べる人もいれば、脳科学からアプローチする人、あるいは宗教的な解釈から根拠を示す人もいますが、理屈は、どうでもいいのです。

結局、**古今東西、多くの先人たちが、物事をポジティブにとらえることで成功してきた――その積みあげられてきた実例の数が、成功法則の正しさを証明しているから**

です。

しかし、ポジティブ思考の人、すべてが成功するとは限らないのも事実です。

では「成功するポジティブな人」と、「失敗するポジティブな人」では、何が違うのでしょうか？

まず、**ポジティブ思考で成功する人は、未来をポジティブにとらえる一方で、〝想定し得るネガティブな問題にも、きちんと手を打っている〟**ということです。

たとえば、ある企業に、大きな株式投資をする場合を考えてみましょう。

成功するポジティブな人というのは、まず「儲かるぞ！」という言葉の根拠をしっかり調べます。経営者が信頼できる人物なのか、確実性のあるビジネスモデルか、財務状況はしっかりしているのか……。

そのうえで株を購入し、そのあとの展開もしっかり管理し、ときには株主として経営に口を挟みもします。そして、「仮に株価が急落したときはどうするか」というリスク管理もしっかりしたあとでの、「絶対大丈夫！」なのです。

何があっても大丈夫だという計算をしたうえでの、「絶対に大丈夫！」ですから、大丈夫にならないわけがありません。

つまり、彼らはネガティブなことを一切考えないのではなく、ネガティブな結果にならないよう手を打っているから、不安にならずにポジティブに考えられるのです。

根拠なく運を信じているのでなく、自分自身の努力を信じているのです。

これが、成功できないポジティブな人だと、「儲かるぞ！」といわれると、ろくに調べもせずに、いわれたままに株を大量に購入して、あとは「絶対大丈夫！」と運を天に任せているだけです。それでは成功するか失敗するかは完全に運次第となり、自分でコントロールできていません。

また、ただポジティブ思考で何も行動を起こさない人もいます。

「大丈夫、自分はそのうち成功してお金持ちになるから！」といって何もしない人。

こんな人は、ただの楽観主義者であり、成功するポジティブ思考者ではありませんので、お間違いなく。

顔を見れば、一発でわかる！

さらにもう1つ加えるなら、成功できるポジティブな人は、「経験によって培われた勘」と、「失敗しても前向きでいられる心の強さ」を持っています。

「経験によって培われた勘」とは、どのようなものでしょうか？

たとえば大富豪たちは、人を見抜くことに対して、天才的な能力を発揮します。いったいその秘訣とは何かと質問したときに、こんな答えが返ってきました。

「そんなものは相手の顔を見れば、一発でわかるよ！」

そう、彼らはビジネスパートナーを選ぶ際に、相手の肩書だとか、身なり、経歴などをあまり重視しません。**何で選ぶかといえば、〝顔つき〟です。**

どんな顔つきか？　彼らにいわせれば、それは顔のつくりや美醜、表情でもなく、その顔つきを見たときの直感だそうです。

この直感は、多くの人と関わり、ときに裏切られ、ときに騙され……という痛い目にあいながらも、本当に信用すべき人との強固な関係を築いてきた結果から生まれたものでしょう。

本物の成功者であれば、これらの経験により自分自身の顔つきも変わってきます。

人間、自分と同じ匂いのする人はすぐにわかるもの。

人を騙して詐欺《さぎ》で生計を立てている悪人は、同じタイプの人間であればすぐにわかるといいます。

本物の大富豪や、真の成功者も同じです。自分と同じ本物の上質な人間であれば、一発でわかる。そうでない人に会えば、たとえ身なりのよい上品な格好をしていても必ず違和感を覚えるそうです。

直感を磨くために

私たちが同じような勘を身につけるには、やはり彼らに匹敵するだけの経験を積む必要があります。その経験には、多くの失敗が含まれてきますが、失敗してこそ経験は蓄積されるのですから、それは本当は「失敗」と定義すべきものではありません。

現に大富豪たちも、うまくいかなかったことを〝失敗〟とは見なさず、将来のために必要な勉強だと考えています。

大富豪たちは、仮にうまくいかなくても、100％自分がそれをとり返せると信じています。なかなか私たちにそれだけの確信は持てないかもしれませんが、それでも仕事における失敗で、多くの人は、命を落とすような最悪の事態など考えなくていいはずです。そうである以上、必ず復活することはできます。

私たちに必要なのは、まずは〝勇気を持って失敗してみる〟ということなのです。

◉10日目のポイント

物事はポジティブにとらえること。しかしそれは、あらゆる備えをしたうえで生まれてくる真のポジティブ思考でなくてはなりません。〝盲目的なポジティブ〟〝行動しないポジティブ〟は、成功にいたりません。

◉10日目のワーク

自分が最近した失敗を思い出し、それを今後の人生で、どう活かせるか考えて書き出してみましょう。

11日目

夢を明確にイメージする
――燃えるような情熱を抱くために

「可能な限り、強く、はっきりイメージしなさい」

なぜ成功者たちが、描いた夢を次々と実現できるかといったら、それを心から「欲しい」と願い、手に入ったときの自分の姿を、ありありとリアルに強くイメージしているからです。

「強く、強く、可能な限り明確に、自分の目標はイメージしなければいけないよ」

まるで、大富豪のこの教えを知っていたかのように、ある著名人は、小学校6年生のときに、次のような作文を書いています。

誰だかわかりますか?

「2年後……中学2年生、日本アマチュア選手権出場。

3年後……中学3年生、日本アマチュア選手権（日本アマ）ベスト8。

4年後……高校1年生、日本アマ優勝、プロのトーナメントでも勝つ。

6年後……高校3年生、日本最大のトーナメント、日本オープン優勝。

8年後……20歳、アメリカに行って世界一大きいトーナメント、マスターズ優勝。

これを目標にしてがんばります。マスターズ優勝は、ぼくの夢です。

それも2回勝ちたいです。ぼくの将来の夢は、プロゴルファー世界一だけど、世界一強くて、世界一好かれる選手になりたいです」


プロゴルファーの石川遼選手の、小学校6年生のときの作文です。

同じような「人生年表」や「未来日記」ともいえる作文を、メジャーリーガーのイチロー選手やサッカーの本田圭佑選手、テニスの錦織圭選手たちも書いています。

また、ノーベル化学賞を受賞した白川英樹博士も、中学時代にプラスチックの研究で世の中に役立つ姿をありありと作文に残しています。

大事なことは、叶えたい夢が実現したときの様子を、本当に実現しているかのように、頭の中で明確にイメージすることです。

もちろん、若いうちに夢を描けば、より多くの時間を注ぎこめるという意味で、望ましいには違いないでしょう。

けれども60歳だろうが70歳だろうが、私たちには頭の中のイメージを実現させる力があるのです。私は、多くの先輩方が、「世界を一周する！」「海外で暮らす」「再び大学に通って博士号をとる」といった夢を実現させた姿を目の当たりにしてきました。

ちなみに、イメージの実現力には、ある特徴があります。

それは、仕事における目標よりも、恋愛や結婚、家族間の願いのほうが叶いやすいということです。

なぜか？　恋愛や結婚、家族に関する願いは、人間の本能に近い要求であるため、イメージに情熱が入りやすく、「寝ても覚めても、あの人のことが忘れられない！」といった状況がつくられやすいからです。本気で叶えたいと情熱を持って具体的なイメージを描くほどに、目標や夢は実現しやすくなります。

なぜ大富豪は、期待する若手をパーティーに招くのか？

自己啓発書に「イメージすれば夢は叶う」と書かれてあったので、その通り、目標が実現したときの映像を思い浮かべてみた。けれども、夢は実現しなかった……という経験をしたことがある方は少なくないでしょう。

なぜ実現しなかったかといえば、やはり本気度が足りないのです。

そのイメージが心から「そうなりたい」と思うもので、想像するたびにワクワクする……。そんな状態になるような夢でないと、困難を突破してまで夢を実現させようとするほどエネルギーは高まらないのです。

大富豪は、それをよくわかっています。そこで彼らは、部下や目をかけている人たちを、自宅のパーティーによく招待します。

そこで彼らが味わうのは、至高の料理や幻の銘酒、洗練された空間での快適な暮らし。直に大富豪の生活に触れれば、自分もそうなりたい！……と、心からワクワクしてきますよね。

まさに大富豪たちは、そうなることを期待しているのです。

やがて彼の周囲では、成功した生活を熱くイメージした若者たちが、続々と新しい成功者へと育っていきます。

これをしないと強くイメージできないのが、人間の脳

この手法は、私たちも活用できます。

「いつかフェラーリに乗りたい」と本気で願うなら、ショールームに行って、実際にシートに座り、ハンドルを握らせてもらい、「匂いはこんな感じか！」「ハンドルはこんな太さなんだ！」と実感してくることをおすすめします。

なぜなら**人間は、実際に触れて、リアルに体験したことのあるものしか強くイメージできない**からです。

レモンを思い浮かべると、無意識のうちに唾液が出てくるのは、かつてレモンを食

べたことがあるからです。ロシア北部で生まれ育って、レモンを食べたことがない人であれば、その人はいくらレモンを想像しても唾液は出てきません。それと同じです。

もちろん、私たちが第1幕で描いた「人生のゴール」は、それを叶えたら死んでもいいと思えるくらいの究極の到達点でしたね。

そのような形のない壮大な夢でも、たとえば「美しい海が見えるリゾート地に住み、家族と快適な人生を終えたい」と思うなら、葉山や湘南のような場所で、イメージにピッタリの家を探すことはできます。

大きな会社の経営者になるという夢なら、理想の場所にある大企業のオフィスビルをのぞいてみれば、イメージは、よりハッキリしたものになります。

世の中に貢献するというゴールであれば、自分が望むような功績を成し遂げた成功者の伝記を読み、その足跡を追うことも1つの方法です。

次のワークは、このようにイメージをより具体的にして、それを「叶えたい」と願う情熱やワクワク感を増幅させるためのものです。

◉11日目のポイント

夢が叶ったときの姿をできるだけ鮮明にイメージすることが大切。
情熱をこめればこめるほど、実現力は増します。
イメージを強めるためには、夢に近い実体験をするといいでしょう。

◉11日目のワーク

本能から情熱が湧きあがってくるような、強いイメージングを行なってみましょう。寝起きのときやお風呂の中など、アルファ波が出ているリラックスした瞬間に（第1幕のワーク参照）、自分が人生のゴールにたどりついたときの様子をイメージしてみてください。
①そのイメージはワクワクしますか？
②それが叶わないとしたら、どんな気持ちになりますか？
③困難があっても、乗り越えようと思うくらい、それは手に入れたい姿ですか？
④もっと自分のイメージをリアルにするために、何ができるでしょうか？
考えて書き出してみてください。

第2週　幸せな大富豪の思考・感性・習慣を吸収する

12日目

起こることは、すべて必然だと考える

——自分を磨き、成長させる極意

「起こること、すべてに意味がある」と思えば、自分が変わる

仕事でもプライベートでも、私たちは思わぬ幸運に遭遇することがあります。人との出会いなどは、まさにその好例ですね。

逆に、予期せぬアクシデントに巻きこまれてしまうこともあります。通勤電車が事故で止まってしまったり、仕事の得意先が突然、破綻してしまったり。

これらは普通、偶然の出来事として、私たちは理解します。

でも、本当に偶然だと思っていいのでしょうか？

「起こることにはすべて、意味があるんだよ！」

こうおっしゃる大富豪は、多くいます。

つまり、世の中には偶然に起こることなど存在しない。すべては必然であり、起こるべくして起こっていることなんだ……ということ。

たとえば電車に乗ったとき、たまたま近くに泥酔した人が来て、寄りかかられたり、うるさくされたり、非常に不快な思いをしたとしましょう。

そんなとき、多くの幸せな成功者は、**「最近の自分は、他人への配慮に欠けているところがあるから、ああいう人を近くに引き寄せてしまったのだ。気をつけよう」**と、**自分に対する〝気づき〟**としてとらえるのです。

もちろん、「他人への配慮に欠けているから、迷惑な人に出会う」と考えることに科学的な根拠はありません。

けれども、**「起こったこと」を〝戒《いまし》め〟とすると、自分を成長させる機会に変えられる**ことが、この例でよくわかります。

「今日はさんざんだった。電車で酒臭い酔っ払いに寄りかかられて……」と愚痴をいえば、自分は何の成長もせず、さらに不快感を増幅させるだけです。

「救急車のサイレン」は？
「超保守的な上司」は？

ある日、家の近所を歩いていたら、救急車がけたたましくサイレンを鳴らしてあなたの目の前を通りすぎていったとしましょう。救急車は、あなたの家の方向に向かっているわけでも、あなたと関係があるわけでもありません。

しかし、「何かのサインではないか？」ととらえたらどうなるでしょう？

「暑くなってきたから、熱中症で誰か運ばれたのかも。マメに水分補給をしよう」

「自分が救急車で運ばれたら、誰かに迷惑をかける。そろそろ人間ドックに行って、体をチェックしておこう」

「自分に起こったらどうしよう、嫌だ、怖い」とマイナスにとらえるのではなく、こうしたとらえ方をすれば、自分の成長や幸運につなげることができます。

「上司が超保守的だから、チャレンジできない」という状況さえも、「自分に与えられた試練だ」と考えたら、「成功するには、これから多くの保守的な人たちに、自分の考えを理解してもらわなくてはいけない。今の上司を説得することを通じて、反対する人たちの心を動かす方法を学ぼう」と考えれば、不運な境遇が、「成功するための大きな必然」に変わります。

結局、理屈で考えても仕方がないのです。**あらゆることを必然ととらえ、自分自身の成長につなげる意味を考える習慣をつけましょう。**

「こうするんだ！」という意志がある人が、成功者となる

あらゆることを自分の問題ととらえる人がいる一方で、すべてを他人の問題にして片づける人もいます。自分自身の問題すら、外部的な要因のせいにする人たちです。

・場所が悪かったからだ
・タイミングが悪かったからだ
・ライバル会社の商品のほうがよかったのだから、どうしようもなかった

・自分が今こんな状況なのは親のせいだ
・育った環境が悪かった

思考が全部〝他人のせい〟で、自分には何も責任がないとしか考えない。こういう人は、自分自身が主体となって人生を切り開くことができません。

よく、新聞を眺めては、「こんな不景気だから、辛抱するしかないなあ」「もっと政府が頑張ってくれないとなあ」と嘆く人がいます。

残念ながらこういう人は、結局、一生を辛抱したままで終わるでしょう。なぜなら、誰かが世の中を変えてくれないと何もできないから。いえ、おそらくは世の中が変わっても行動は起こさないでしょう。

つまるところ、すべてを受け身でとらえているか、自分の問題ととらえて能動的に生きているかの違いなのです。

成功者とは、世の中が変わるのを待つのではなく、自分で世の中を変えようとする人たちです。「こうするぞ」という強い意志を持つ人のことです。

あなたの思考は、日々起こる問題の解釈の積み重ねで、いくらでも積極的に変えていくことができます。

◉12日目のポイント

起こることは「偶然」ではなく、すべてが「必然」であり、なおかつ「自分を成長させるために起こっている」ととらえましょう。成長スピードが加速します。

◉12日目のワーク

自分に起こるあらゆる出来事を、ことごとく勉強の機会に変えるワークです。

①今日遭遇した、通常なら偶然とやりすごしてしまうような出来事を、3つ挙げてください。

(例) たまたま故郷のことが新聞に出ていた／昔の知り合いに似た人を街で見た

①

②

③

②その3つを自分にとって意味のあるサインだと考えてみましょう。

（例）故郷のことが新聞に出ていた↓故郷に帰ってお墓参りをしたり、学生時代の友人に連絡をとったりすることで、今抱えている問題が解決するヒントが得られるのかもしれない、など

①

②

③

13日目

付き合う人を選ぶ

——幸運と援助を呼びこむ習慣

「ツイている人と付き合いなさい」

「どんな人と付き合うべきかだって？　答えは簡単だよ。ツイている人と付き合うことさ。自分にもツキが回ってくるからね」

人間関係の秘訣について、大富豪たちは、決まってこう答えます。

あのアメリカの不動産王ドナルド・トランプ氏は、シビアなことに運の悪い人間とは目も合わさないといいます。彼らにしてみれば、過去にどんな功績を残していようが、社会的立場がどうだろうが、あまり重視すべきことではないのです。

何より探すべきは、「人生のあらゆる局面を切り抜けるだけの強運を持っている

人」なのです。

これは非常によくわかります。なぜなら私自身、「ツイている人」と出会うことで、人生がみるみる好転してきたからです。

その「ツイている人」とは、ほかでもない、「ツイている人を探せ」といっている大富豪自身です。

何せ話を聞いていると、次から次へと〝いいこと〟ばかり起こっているように感じるのです。しかも付き合うと、本当にステキな出会いに恵まれる。

彼らとお付き合いできたおかげで、私もタイガー・ウッズをはじめとする著名人たちと交流が持てるようになりましたし、ロスチャイルド氏と交友を持てたのも、日本一美しいバラの咲く霊園、株式会社いせやの中本隆久社長とのご縁からでした。

同じようなことは、ＩＴ業界に入ってからも感じました。

楽天の三木谷浩史社長や、ＧＭＯインターネットの熊谷正寿会長兼社長など、**成功者といわれる方々は、本当に一緒にいるだけで、まさしく自分にもいい回転がどんどん起こっていく**ように感じたものです。

「ツイている人」を見つける方法

ところで、傍《はた》から見て、「この人はツイている！」とか「この人はツキがない！」など、判別することができるのでしょうか？

厳密には、統計でもとってみなければわからないでしょう。しかし、大富豪のいうツイている人とは、「確率として、どれくらい〝いいこと〟が起こっているか」といったデータに基づくものではありません。

そもそもそんなデータがなくても、〝ツイている人〟といわれて、自分の知り合いを思い浮かべたとき、「あの人だな！」と、すぐ思いつく人がいませんか？

「困ったときは、必ず誰かに助けられている」とか、**「なんだか実力があるようには見えないけど、いつもすごい結果を出している」**とか、**「失恋ばかりするけど、すぐにまたいい人に出会う……」**とか。現にあなたもその人をいつの間にか応援しているし、なぜだかわからないけど非常に好感を持っている……、そういう人です。

実際に、統計をきちんととったなら、その運がよく見える人にも、ほかの人と同じくらい〝悪いこと〟が起こっているでしょう。

でも、いつも楽しそうで明るいから、周りからは〝いいこと〟ばかりが連続して起こっているように見えるのです。

こんな人こそ、本当に「ツイている人」なのです。

もし心当たりがあるなら、あなたはその人を大切にするべきです。身近にいることで、あなた自身にも、どんどんツキが回ってくるようになるからです。

自分自身が「ツイている人」に変わるには?

成功者たちは〝ツイている人〟を大事にする……。

だとしたら、自分が成功するためには、何より自分自身が〝ツイている人〟になるのが、手っ取り早い方法です。そうすればあなたの周りには自然と質の高い人脈ができ、皆があなたを引きあげてくれるようになります。

「そんな簡単にラッキーな人になれるのなら、とっくになっているし、成功もしているよ」というあきらめが無意味なのは、ここまで読んでくださったあなたには、よくわかることでしょう。

現実にラッキーな出来事が次々と起こるかどうかは、問題ではないのです。

起こることを何でも「運がいい」と解釈し、いつも明るく笑顔を絶やさずにいることが、〝ツイている人〟と他者から見なされるための条件なのです。そうしていることで、現実的な「いいこと」も起こりやすくなっていくと私は確信しています。

運を引き寄せるのに、「笑顔でいる」ことは、大きなポイントです。というのも、大富豪や、あるいはこれから伸びていきそうな若い人を見ても、ツイていると思える人は皆、笑顔しか想像できないからです。普通にしていても、その表情は常に笑顔に見えます。

あなたが思い当たる〝ツイている人〟も、同じように〝いつも笑顔〟ではありませんか？

ところで、そんなふうにいつも笑顔でいるのは、それほど難しいことでしょうか？

いいえ、どんなことにも感謝し、次に起こることにワクワクしていれば、自然と笑顔が絶えなくなっていくものです。

〝笑顔〟があなたのトレードマークになれば、あなたは周囲の人から〝ツイている人〟と見なされ、どんどん応援されるようになっていきます。

成功者を目指す人にとって、これほど有利になる武器は、なかなかありません。しかも「笑顔」をつくると、30種類以上もある表情筋が鍛えられ、それによって身体の免疫力も向上するそうです。

◉13日目のポイント

ツイている人と仲よくなりましょう。また、笑顔でいることで自分自身にもツキを呼びこみましょう。

◉13日目のワーク

自分の身の回りで、ツイていると思える人を5人探してみましょう。

THE RULES OF MILLIONAIRES

14日目

成功者の「お金」の使い方をマスターする

――豊かさの呼び水にするには？

「お金を正しく使っているかい？」

2週目の最終日は、「お金」に対する正しい意識を確立するワークです。

幸せな成功者の「お金観」を身につけることは、まさしく現在持っているお金や、これから入ってくる収入を〝生かす〟ことにほかなりません。

どれだけお金を得たとしても、それだけでは幸福にはなれないことを第1幕で学びました。ここを理解しておらず、「お金＝幸せ」と考えている人は、「なぜ、こんなに稼いでいるのに辛く、苦しく、虚しいのだろう？　もっと稼がなくては、儲けなくては……」と、心の中に不満やストレスをためこんでいきます。お金はあるのに、幸せを感じていないという医師や弁護士、投資家、実業家は多いのです。

かといって、「お金なんてなくていい、儲けても意味がない」と考えるのも間違いです。お金は、幸福を生み出すために活用できる、大切な〝道具〟です。使い方次第で、自分や周囲を幸福にもすれば、災いをもたらしもする道具です。

だからこそ、**自分が心から「楽しい！」と思えることにお金を使っているか？ 個人の満足だけでなく、誰かを喜ばせるために、お金を使っているか？** そして、**未来への投資としてお金を使っているか？** ということが大切になってくるのです。これを大富豪流にいうなら、こんな言葉になります。

「〝生き金〟を使いなさい！」

「これが〝生き金〟になる使い方だよ！」

具体的に、どう使えば、大富豪のいう「生き金」になるのか？

何より最優先すべきは、**「自分の将来のために自己投資する」**ということです。

衣食住や医療など、毎月かかる生活費も「生き金」ですが、それ以外の「生き金」とは、次のようなものです。

・人との会食（ご馳走してあげるのもいいことです）
・学び（ビジネスに役立つ資格のスクール、セミナー参加、本やＤＶＤなど）
・ビジネスや金融商品への投資

これらの使い道は、将来、あなたの人生に豊かさをもたらす呼び水となります。

会食によって人脈が生まれれば、さまざまなチャンスが広がりますし、学びにお金を使って自分が成長すれば、より大きな仕事ができるようになるでしょう。

大富豪たちの中には、すでに成功している現在でも、何十万円、何百万円もするセミナーに足しげく通う人が大勢います。それだけ「もっと豊かな人生を築きたい」という気持ちが強いからでしょう。

幸福な人生を築くために必要ならば、彼らは自己投資を惜しみません。ちなみに、高額のセミナーに参加することは、私は自己投資としていい方法だと思います。それだけの価値のあるセミナーは、世の中にたくさんあります。

ただ、ここで興味深い事実を明かしておきましょう。

50万円とか100万円するセミナーの料金が、今すぐには支払えないからといってローンを組んでまで参加する人がいます。

ですが、不思議とこういう人は、成功しません。セミナーに最後まで通い続けられず、途中で脱落することが多いのです。

それは、その参加費をキャッシュで用意するという最初のハードルを超えることができていない時点で、そのノウハウを知っても、活かせる器がまだできていない可能性が高いからです。

本気で学びたいのなら、何が何でも出費を抑えてお金を貯めるとか、知恵を働かせてサイドビジネスで稼ぐなど、方法はいくらでもあるのです。

この、金貨100枚分の価値がある使い方をぜひ！

もう1つ、「生き金」に関してお伝えしておきましょう。

自分の収入のうちのいくらかを、「世の中の役に立つこと」に還元するべきです。

本当に困っている人にとっては、わずかな金額の寄付でも、金貨100枚分以上の価値を持つことがあります。食事1回分の寄付金が、誰かの命を生かすこともあります。

まさに、「生き金」といえるでしょう。

ちなみに、大成功者たちが行なうセミナーには、非常に高額なものがあります。

たとえば、世界的コーチであるアンソニー・ロビンズのものは、1回あたり15万円から100万円もします。なぜそんなに高いのか？　それは、参加者の覚悟を問うためです。本気で学ぶ覚悟があるのか？　と。

では、彼はそこで稼ぐ何億円ものお金をどうしているかというと、ほとんど寄付しているのが実情なのです。

投資家のウォーレン・バフェット氏などは、利益の90％以上の額を慈善事業に使い、自分はいまだ質素な家に住んでいるほどです。**〝人に与える〟ときに感じる幸福感が、さらなる幸福を呼びこむのです。**

ささやかな募金からでいいのです。

そうした実践から、「成功者のお金の使い方」を習得していけばいいでしょう。

◉14日目のポイント

お金は「生き金」として、できるだけ自分の未来への投資に使いましょう。また、小さな額でも世の中のために使う習慣をつけましょう。

◉14日目のワーク

月々の収入から、生活費を差し引いた「自分の自由になるお金」を、何に使っていますか？　どれだけ「生き金」を使っているのか、チェックしてみましょう。

毎月、自由になる金額と、そのうち「生き金」として使っている金額

◉解説

できれば、自由になるお金のうちの5割以上は、「生き金」に使いたいものです。来月から、どれくらい生き金を使っているか意識してみましょう。

第3週

黄金のルールを胸に、いざ大空へ羽ばたこう！

3週目は、成功するための目標を脳にインプットし、それを実現するための行動を習慣づけていくワークをしていきます。

15日目

「目標を決めること」が、とにかく重要と知る
――鉄のごとく「意志が強くなる」！

「信号の赤と青、どちらが、どちら側についている？」

いよいよ第3週目です。

これまで、成功できない脳をリセットし、黄金律を受け入れるしっかりとした土台を築きあげてきました。

最後の週は、成功するための目標をきちんと自分の脳にインプットし、それを実現するための行動を習慣づけていくトレーニングです。この3週目を終えれば、いよいよあなたの人生は、成功に向けて動き出します。

そこで表題の質問です。毎日のように見ている信号、それこそ何万回と見ているはずですが、ほとんどの人は答えられません。

なぜこんな質問をしたかといえば、「目標を意識する大切さ」を伝えるためです。

毎日見ている信号ですら、私たちは「色の並び順はどうなっているか?」と意識して見ない限り、正しい姿でそれをとらえてはいません。

同じように私たちは、**「将来はこうなろう」という目標を明確に意識していない限り、どんなに素晴らしい情報やいい出会いがあったとしても、見逃してしまい、そのチャンスを十分に活かせなくなってしまう**のです。

だから本書では、一番初めに、「人生のゴール」を描いていただきました。

世の中には、明確な人生の夢や目標を持たないまま、生きている人も大勢います。

そういう人々は、大まかに2つのタイプに分けられます。

1つは、毎日、ただ生かされるままに生きていて、夢もやりたいことも特にないタイプ。

もう1つは、先のことはわからないから、目標を立ててもムダだと思っているタイプ。夢を描いてもどうせ叶わないと、どこか、あきらめてしまっているのです。

この2つのタイプは、これまでの人生をずっと、何かにぶらさがってきた点で共通しています。

つまり、どう生きるか、どんな将来を歩むかを、会社や社会、国、親や家族など、自分以外のものの決断に委ねてきたのです。

「国」というとピンとこないかもしれませんが、「就職率が高いからこの大学に入ろう」とか、「将来、有望だからこの業界に入ろう」という選択も、世の中の潮流に左右されているだけで、自分の本心からの希望ではありません。自分がやりたいから選んだのではなく、条件で選んでいるだけです。

また、「景気が悪いからうまくいかない」とか、「失業率が高いから転職はやめよう」というのは、まさに責任を自分以外のものに委ねた〝言い訳〟でしょう。

これまで、それでうまくやってこられたならば、間違った生き方ではなかったのかもしれません。

ただ、それをこの先も続けていくことができるでしょうか？

会社はいつなくなるかわからないし、経営者の都合で自分の望まない仕事に配属される可能性は、常にあるのです。

それでも、人生の選択を国や他人に任せ続けたほうがいいといえますか？

意志の強さが、収入に影響する？

「マシュマロテスト」をご存じでしょうか？

これは70年代に、スタンフォード大学のウォルター・ミシェルという心理学者が行なった、有名な実験に基づいたテストです。

どんなものかといえば、数人の4歳児の前にマシュマロを1個置き、こういいます。

「今すぐ、ここにある1個のマシュマロを食べてもいいけど、15分待てば、倍の2個のマシュマロを食べさせてあげるよ」

このとき、3分の2の子どもたちは15分の我慢ができずに、目の前のマシュマロを食べてしまいます。そして残りの子どもたちは辛抱強く待ち、マシュマロ2個を手に入れたそうです。

そして十数年後、その子たちの追跡調査をすると、驚きの結果が出ました。辛抱強く待った子どもたちは高校で上位の成績をおさめており、自信にあふれ、毎日の満足度や、問題解決能力なども高かったそうです。

この実験成果は、ある重要なことを示しています。

目先の欲望に流されてしまい我慢できない子より、「こうするぞ」という目標を決めたら、辛抱強く目標達成に向けて自律した行動をとれる子のほうが、将来の成功度が高いことをあらわしています。

子どもたちがマシュマロ2個を得るために15分我慢しなければならなかったように、多くの成功者たちも人生において長い辛抱の時期を通過してきています。

実に、世界の大富豪トップ10人のうち8人は、自己破産したり会社が倒産したり、首を吊《つ》ろうかという状況まで追いこまれた経験があるといいます。しかし彼らは「もういいや」と人生をあきらめず、逆境に耐えて運命を逆転しました。

目標があると、心が折れない！
――カーネル・サンダースの場合

逆境に耐えて、最後に笑みを勝ちとった顕著な例といえば、ケンタッキーフライドチキンの創始者である、カーネル・サンダースでしょう。

彼は30代でガソリンスタンド業を興しますが、大恐慌や干ばつの影響を受け破綻します。

その後、ガソリンスタンドの事業を再開し、今度は40歳でレストランを成功させますが、これがなんと火事によって焼失。それでも困難に耐えて店を盛り返すのですが、今度は州の都市整備計画でハイウエイが移設されてしまって、お客がまったく来なくなり、経営破綻します。

それでもめげずにフライドチキンの秘伝レシピを持って全国のレストランに売りこみにいったのは65歳のとき。最終的に大成功したのは、70代になってからでした。

誰かのいいなりで生きていたら、決してこんなふうに何度も立ちあがることはでき

ません。「環境が変わったから仕方ない」「もう歳だから、年金暮らしで我慢しよう」などと、どこかで立ち止まってしまっていたでしょう。

しかし、ゴールを強く頭に描いている人は、誰が何といおうが、そのゴールへ向かって邁進《まいしん》するしか道がないのです。だから何があっても、人生を切り開いていけます。

今、あなたは本当に自分の意志で、自分が望む人生を歩んでいるといえますか？

◉15日目のポイント

ゴールを強く頭に描き、「自分の人生は自分で描く」という意識と決意を持ちましょう。「こうするんだ！」という明確なゴールを持たなければ、他人の選択に人生を委ねることになってしまいます。

◉15日目のワーク

第1幕（31〜49ページ参照）で、明確ではなくとも、人生のゴールを意識していただきました。今ここでゴールを再確認しましょう。意識を明確にするのはよいことです。

①人生のゴールは何でしょうか？（大目標）

②10年後の目標は何でしょうか？（中期目標）

③1年目標は？（年内に実現させる短期目標）

あなたが会社員であれば、会社のいいなりでなく、どれくらい自分の意志で仕事をしているか確認してみましょう。

①会社あるいは上司のせいにして、寝かせたままのアイデアはありませんか？

②あなたがどうしてもやりたいことに、周囲が反対したらどうしますか？

16日目

一歩を、踏み出す
——運命を動かし、「成功」を加速させる

「卵は、みずから殻を割れば生命になるが、他人が割ったら料理になる！」

「卵は、みずから殻を割れば生命になるけど、人に割られれば料理になる」

これはソウル大学で教鞭をとるキム・ナンド教授の言葉。

16日目で学ぶ「一歩を踏み出すこと」の重要性をよくあらわしています。

目標を設定し、自分の意志で第一歩を踏み出したときに初めて、目の前に成功へと続く道が開けてきます。

しかし、最初の一歩を踏み出すことが難しいのです。

「やってもムダ、失敗するかも」

「条件が全部整ったら、スタートしよう」

「不安が解消されたら始めよう」

そういって現状に踏みとどまろうとする人が、世の中の大半を占めます。

あるアイドルグループの初ライブは、お客さんがたったの7人だったそうです。

条件も整っていないし、先も見えず、不安でいっぱいだったでしょう。

けれどもとにかくステージに立ち続け、やがて東京ドームを満席にするほどの人気を博すようになりました。


また、あるオーストリア人の青年は、17歳で次の4つの目標を掲げて、第一歩を踏み出しました。

①米国に渡り、事業を興すこと
②ハリウッドスターになること
③ケネディ家で生まれた娘を妻にすること
④政治家になること

彼の名は、アーノルド・シュワルツェネッガー。40歳をすぎたころには、この目標を順番通り、すべて叶えていました。

どうしてこれだけの、一見、不可能にも思える高い目標を、ことごとく実現することができたのでしょうか？　彼にいわせると、これがすべてだそうです。

「目標を立て、自分を信じて一歩を踏み出し、行動し続けること」

成功の秘訣は、実にシンプルなのです。

「昨日と同じことをやり続けても、明日は何も変わらないよ」

多くの人は、「最初の一歩」のハードルを非常に高く設定してしまいがちです。

だからなかなか一歩を踏み出せないのです。最初の一歩は、もっとずっと簡単なことから始めればいいのです。

たとえば、「弁護士になって、多くの冤罪《えんざい》で苦しむ人を救おう」という目標を描き、その最初の一歩として、「司法試験に通らないといけない」「弁護士事務所を開かないといけない」などといっていたら、なかなか先へ進めません。

だったら、まずは「司法試験の参考書を買いにいこう」「司法試験予備校のパンフレットをとり寄せよう」ということをやる。

どんなに簡単でもいいから、この一歩を踏み出せば、人生はエスカレーターのように少しずつ動き出します。

「こういう勉強が必要なのか。では学べるところを探そう」「この司法試験予備校に決めた。願書をとり寄せよう」「入学金はこれだけ必要なのか。では、資金を貯めよう」……などと、〝その次の展開〟がどんどん見えてきます。

甘い「ついでの誘惑」に負けてはいけない！

注意したいのは、この超簡単な一歩を先延ばしにしてしまわないことです。

「今度、司法試験予備校の近くに行ったら、ついでにパンフレットをもらいに寄ろう！」

「よし、では金銭に余裕ができたら、学校に通うとしよう！」

こんな感覚だと、9割方、その〝今度〟や〝金銭に余裕ができたとき〟はやってきません。

目標を達成するのに必要な一歩は、思い立ったらすぐ実行すること。いかに高いハードルを飛ぶかより、今やるというスピードが大事なのです。

「昨日と同じことをやり続けていたって、明日は何も変わらないよ」

成功者がそういうように、踏み出さなければ成功は閉ざされてしまうのです。

いつ動くか？　今です！　今すぐ、動きましょう！

◉16日目のポイント

夢を叶えるための行動は、今すぐ起こすこと。たとえば、「パンフレットを集める」と決めたら、今日か明日にはもらいにいくこと。資金を貯めると決めたら、今月から貯金を始めること。今すぐ行動を起こすことが、何より大切です。

◉16日目のワーク

自分の目標に対して、今すぐにできる最初の一歩はどんなことですか？　具体的な行動を書き出してみましょう。

そして書き出したらすぐに、それを実践。もし実行できないと思ったら、さらにハードルを下げ、できることに修正しましょう。

17日目

「不安」を乗り越える
――チャレンジする勇気をつける

「スリル」と「安定」の危うい秘密

「『大金はあげられないが、その代わり安定した生活を保障しよう』といわれるのと、『一生かかっても使いきれないくらいの大金をあげるが、命を狙われる可能性がある』といわれるのと、君はどちらを選ぶ?」

ある大富豪から、いたずらっぽく問われました。あなたはどちらを選びますか?
多くの人は、迷わず前者を選ぶでしょう。
それは選択として間違っていません。大富豪たちも、おそらく前者を選ぶでしょう。
人間が、生きていくために求める根本的なものとは、何か?

それは仕事でも、お金でも、はたまた自由でもありません。

答えは**「安定・安全」**です。

ただし人間は、しばらくまったく変化のない安定の中にいると、今度は必ず**「刺激」**を欲するようになります。リスクを冒してでも、スリルを求めてしまうわけです。

安定を望む心と、スリルを求める心。この2つは誰もが待つ、表裏一体の正常な欲求です。

そして私たちは、生きていく限り、この双方の欲求のバランスをうまくとっていく必要があります。どちらか一方に偏っても、幸せな成功者にはなれません。


過剰なまでに安定を求め、リスクを恐れてまったく挑戦しなければ、思いきったキャリアアップや、転職や独立もしにくくなってしまいます。まさに何かにぶら下がった人生で、収入ベースをあげていくことは難しくなるでしょう。

逆に、「安定した毎日なんて面白くない」と、リスクの高いチャレンジばかり繰り返す人もいます。「いつか当たるだろう」と、山師のような一発勝負のビジネスを繰り返したりギャンブルで潰れたりするのは、こうしたタイプかもしれません。

スリルばかりでも、やはり人間は幸せになれないのです。

そこで、もし、自分が挑戦モードに入り、さまざまなチャレンジをしているときは、**「ストレスが過剰にかかっていないか？　このままでは家族を失ってしまうのでは？」**と問いかけてみる。

逆に、ある程度の資産を築いて安定した生活ができるようになっていたら、**「本当にこれで人生に悔いは残らないか？　もっと、自分にできることがあるのではないか？」**と自問してみる。そうしたバランスをとっていくことが、本当に幸福な成功者になるために重要でしょう。

「だから、挑戦することを恐れてはいけない」
——人間の性《さが》を心得る

安定とスリルのバランスをとることの重要性を理解すると、大富豪から、**『『大金はあげられないが、その代わり安定した生活を保障しよう』といわれるのと、『一生か**

かっても使いきれないくらいの大金をあげるが、命を狙われる可能性はある』といわれるのと、君はどちらを選ぶ?」という質問の意図が見えてきます。

つまり、人間はどうしても、スリルよりも安定のほうに重きを置いてしまうのです。安定した世界を飛び出して、挑戦を選ぶことに、誰しも不安を抱きます。

「失敗したらどうなるんだろう、二度と今の生活に戻れないのでは……」

大富豪が諭したかったのは、そうした人間の性分でした。

しかし、ビッグな成功者たちは、このような不安を乗り越えた人物であることを忘れてはいけません。

成功するには、安定を一度、捨てる必要がある。だとしたら、**安定を捨てるときに感じる不安は、成功するために必ず味わわなければならない感情**ということになります。**つまり、成功と不安は、ワンセットだということです。**

夏の暑い日、我慢に我慢をして仕事をしたあとで飲むビールは最高です。成功の前に背負わなければならない不安とは、こういった我慢に似たものなのです。

失敗やうまくいかないことを経験して落胆し、「この先どうなるのだろう？」と、さらに不安を抱えるようなときこそ、「この不安も、成功するために避けて通れない道なのだ」と考えてほしいのです。

スリルとチャレンジを楽しみ、その一方で「幸せは、安定した日常と人間関係の中にある」ことを知っておけば、最高の未来がグッとあなたの手元に近づいてきます。

◉17日目のポイント

スリルと安定は表裏一体であり、そのバランスをとることが大切。ただ、人間はとかく安定を選ぶ傾向がありますから、積極的にチャレンジしていきましょう。

◉17日目のワーク

①過去において「失敗したこと」を1つ挙げてください。
②その「失敗」のあとで、自分がどんな成長を遂げたか、失敗経験に結びつけて考えてみてください。

①

②

このワークから、「失敗しても、必ずしも悪いことばかりではない」と学びましょう。

18日目

潜在意識に願望をインプットする
――夢に命を吹きこもう！

「夢に含まれる〝小骨〟をとり除きなさい」

いよいよ18日目、ワークも大詰めになってきました。

今日は、**「潜在意識に願望をインプットするテクニック」**を身につけていただきます。潜在意識に目標がきちんとインプットされれば、あなたは無意識のときも自動的に目標を達成するための行動を選ぶようになります。

しかしそのためには、潜在意識の奥底にある〝目標達成を邪魔するもの〟をとり除く必要があるのです。

邪魔するものをとり除くとは、**「望むものの中にある、望まないことを排除する」**

ということです。

これはすでに、第1幕で説明していますね。

たとえば「大豪邸で、一生を終える」というゴールを描いても、「自分は掃除が嫌いだ」という思いがあり、広い家に住めば面倒な掃除をたくさんしなければいけないと思っていれば、潜在意識は大豪邸に住むという目標を叶えないように働きます。

そこで、第1幕のワークで挙げた、**「どうしても我慢できないこと（避けたいこと」**を、「人生のゴール」から排除していく必要があります。

すると、先の人の条件でいえば、大豪邸で暮らしている姿に、掃除をしてくれるメイドさんも加わるかもしれません。

あるいは、家は小さくてもいいから……と、目標自体が変更されることも出てくるでしょう。それなら目標をはばむ要因は何もないから、潜在意識にも目標がインプットされやすいのです。

小骨があると食べにくい魚も、小骨をとり除けば、すんなり、美味しく飲みこめるようになります。

「子どものころのメンタルブロックを外し、最高の喜びを盛りこむといい」

夢を潜在意識にインプットするために、必要なことの2つ目。それは、「自分が本当に心地よいと感じることを見つける。そして、それを夢に組みこむ」ということです。

実はこれが容易ではありません。

なぜなら、「本当に心地よいもの」というのは、2歳から10歳の幼いころに、**メンタルブロック**によって記憶の奥底に封印されていることが多いからです。

メンタルブロックとは、子どものころに「こうしたいな」と思っていたことを、親や学校の先生に、「そんなことはダメだ」と否定され続けたため、いつの間にか「**自分は、そんなことは望んでいない」と、自分で自分の願望を封じこめてしまうこと**です。

たとえば、「漫画が大好きで、描くのも好き」だったのが、「漫画なんか読んではダメだ！」とか「漫画家になっても食べていけないよ」と否定され続け、いつの間にか「自分は漫画なんか嫌いだ」と思うようになるという具合です。

こうなると、たとえ、手塚治虫さん以上の才能があったとしても、それも封じこめられてしまうわけですね。

そんなに簡単に、好きなことが封じこめられてしまうのか？　と不思議に思うかもしれませんが、人間は生まれてから成人する20歳までの間に、約4万8000回もの否定語を耳にするといいます。それだけ否定されれば、潜在意識に、「それを求めてはいけない」とインプットされるのも当然でしょう。

もちろん、3日目（80ページ参照）でも述べたように、自分自身の失敗の経験がメンタルブロックとなっている場合もあります。

本当は音楽が好きで、毎日でも楽器を演奏したい。ところが過去に「ピアノ教室で先生に下手だと怒られた」などという記憶があれば、もうその先生に会うことすらないのに、メンタルブロックがかかって再挑戦しようと思わなくなり、**いつしか音楽を**

好きだった自分をも忘れてしまいます。

こうしたブロックをとり外して、本当にやりたかったこと、心の底から欲することを探し出す。

それには、第1幕でも行なった、**アルファ波が出るタイミングを使って潜在意識に働きかける方法**——寝起きや、バスタイムに、「子どものころ心地よいと思ったこと」を振り返り、気づいたことをどんどんメモしていくのが一番でしょう。

いろいろ試してみて、「そうだ、これが好きだったなあ」と思い出してきたら、それを自分の夢に反映させてみましょう。

たとえば、先ほどの、「自分の代わりに掃除をしてくれるメイドさんがいる大豪邸で、一生を終える」というゴールを描いた人が、実は、犬や猫や、動物が大好きだったことを思い出したのであれば、メイドさんのいる大豪邸で暮らす姿に、「たくさんのペットたち」を加えることになるかもしれません。

そして、広いリビングでたくさんのペットと笑顔でじゃれ合っているところなど、大好きなことをしている姿をイメージし、楽しい気分を味わうのです。

その瞬間、人生のゴールは、「自分が心の底から手に入れたいと思っている、本物のゴール」へと進化し、潜在意識にインプットされます。

そして、放っておいてもあなたは目標に向けて動き出していくようになるのです。

「これを盛りこむと、さらにグッドだ」

大富豪は、目標設定に関して、こんなことをいっています。

「目標は、他人のためになることをからめると、達成しやすくなるんだよ」

たとえば、2014年のソチで行なわれた冬季オリンピック。

男子フィギュアスケートで金メダルを獲った羽生結弦《はにゅうゆづる》選手は、2011年の東日本大震災のときに、仙台で家を流された被災者でした。

高校生だった当時から3年、「多くの被災者を元気づけたい」「東北を再生させたい」という強烈な思いが、鋼《はがね》の意志と、無心で技を磨く集中力を引き出し、日本初の金メダルの快挙をもたらしました。
ビジネスでも、大きな成功を成し遂げた人は、自分自身だけの幸福という枠を超え、世界中のたくさんの人を幸せにする夢を掲げています。

人が、「自分のためだけ」に発揮できる力はたかが知れています。

むしろ、他人のためのほうが力を発揮しやすいことがあります。たとえば、自分が風邪を引いたときは、「病院に行くのが面倒だ、食事をつくって食べるのも面倒だ」と、なかなか重い腰があがらないものです。

しかし、親や子どもなど、自分にとって大切な人が病気になったなら、たとえ大雨の降る深夜でも車を運転して病院に連れて行こうとしたり、お粥《かゆ》をつくったりするなど、すさまじい行動力を発揮するでしょう。

こんな人間に備わる特性を、目標達成にも活かしてもらいたい。そこで、夢に〝他者を幸せにすること〟を盛りこむことで、計り知れない力を引き出すというわけです。

「大勢のお客さんを幸福にする」「たくさんの子どもたちの将来に役立つことをする」というイメージもプラスすれば、「人生のゴール」を達成する意欲は急激に高まるでしょう。崇高な目標が、目標達成のための意志を強くしてくれます。

◉18日目のポイント

「望まないことが排除されている」「子どものころにやりたかったことである」「他人のためになることである」この3つの条件を備えた目標は、すんなり潜在意識にインプットされます。

◉18日目のトレーニング

①バスタイムに「自分が子どものころに心地よいと思っていたこと」を思い出してみましょう。

②寝る前または、起きたときに、自分の願望を具体的にイメージしてみましょう。その際、自分の欲望をすべて満たすよう、好きなだけオプションを加えて、5分間ほど、どんどんイメージを具体的にしていってください。

③具体的になった願望に、他人が喜んでくれる要素が含まれているかチェックしてみましょう。

19日目

試練を乗り越える
――この法則を知れば、気力がみるみる湧いてくる

「目標がインプットされると、何が起こるか？」

「潜在意識に夢をインプットすると、最初に何が起こるか知っているかい？」

「夢を叶えるための手助けや、嬉しいアイデアがどんどんふってくる……ですか？」

「確かにそうなるけれど、その前に必ず、起こることがあるんだよ。実はね、ちょっとした〝試練〟がやってくるんだ。それでも夢を叶えたいと思うかい？」

大富豪に教えられた、この法則。

目標に向かって歩き出したとたんに試練がくるなんて、縁起でもない！　どうせ科

学的な根拠もないだろうし、自分は信じないぞ！

ところが、信じようが信じまいが、現実に試練はくるのです。私のメンタープログラムを受けた方たちも、夢や願望が潜在意識にインプットされると、確実にそうなります。

ある方は、「資金を貯めて、世の中の人に役立つビジネスを立ち上げるぞ！」と目標を立てたとたんに、仲がよくて信頼していた友人に３００万円を騙《だま》しとられ、ある方は、「１００歳まで健康で、地中海を臨む場所で豊かな人生を満喫するぞ」と決めたとたんに、救急車で運ばれてしまいました。

家族全員で幸福にすごす人生のゴールを思い描いたとたん、奥さんやお子さんが病気になった方もいました。訪れる試練の大きさは、願望の大きさに比例します。

そして、なぜか当人には、「試練がきた！」と、ハッキリと自覚できるのです。

そんなことが必ず起こるとしたら、あなたはどんな決断をするでしょう？

「そんな怖ろしいことが起こるなら、夢を叶えるのは、あきらめよう」「自分の夢のために他人が犠牲になるくらいなら、願うことをやめる」と、最初の一歩を踏み出すことを断念しますか？

試練が起こるのには理由があります。

つまり、私たちはその目標を本当に実現させる気持ちがあるのか試されるわけです。

しかし、ぜひ知っておいていただきたいのは、どんなに大きな試練だとしても、その人が乗り越えられないような試練はやってこないということ。

つまり、騙されてお金を失うことになったとしても再起不能になることはなく、むしろ、セキュリティ強化に役立って事業拡大につながったとか、あるいは、ケガをして救急車で運ばれることになったとしても、ついでに受けた検査のおかげでガンを早期に発見することができ、克服できたというような、幸運な結果になるのです。

泣いて逃げ出すことなく、**〝明るく乗り越えることができれば、結果オーライとなる試練〟**がくるのです。

願望を潜在意識にインプットしたとたんに、「試練がやってきた！」と確信したなら、それは、あなたがこの先の大きな幸せを手にするに値する人間かどうかを試されているのだと思い、明るい気持ちでガッチリ腰をすえて、試練を乗り越える覚悟を決めてください。

論理的に考えても、試練がくるのは、当然

理屈で考えてみても、目標に向けて歩み出したとたんに試練がくるのは、当然といえます。

たとえば、「自分で○○というビジネスを立ちあげる！」という目標を立てた。

そうなれば当然、今までの社内だけの人間関係を超えて、これまで接したことのない人たちと接する機会が出てきます。中には、騙そうとする悪い人間もいるでしょう。いい換えるならば、成功するためには、今後そういう人を見抜き、寄せつけないための成長を遂げなければならないわけです。最初の時点で試練に遭遇し、大変な経験をするのは、むしろ当然ともいえます。

自分自身や家族に健康上の試練がやってくるのは、こう考えられるでしょう。

実は、ずっと前から奥さんの体調は悪くなっていた。だがこれまでは、自分の体のケアや家族のことをないがしろにしていたせいで、それに気づいていなかっただけ。「家族全員の幸せ」を願ったから妻が病気になったのではなく、「今、自分は健康なのかな?」「家族は皆、幸せを感じて生活しているのかな?」と注意を向けるようになったからこそ、発見できたということです。

もしも家族の健康を願わなかったら、試練もこない代わりに、その先の幸福もあり得ない、最悪の結果になっていたかもしれません。

また、たとえば、「ハワイに豪華な別荘を持つ」と願うなら、年収600万円とか800万円では難しいでしょう。

すると当然、今の仕事を超えた何かを始めなければなりません。

この時点ですでに乗り越えなければならない壁が生まれていますし、行動を起こしたら起こしたで、やはり壁は立ちふさがるでしょう。

そう考えると、むしろ試練がこないほうがおかしいのです。

もし何も起こらなかったら？
もし逃げ出したらどうなるのか？

大きな願望を持ったのに試練がこないという場合は、逆に自分が本当に最初の一歩を踏み出せているのか、疑ったほうがいいでしょう。

また、試練がきたときに、そこで断念してしまったら、当然、夢を実現することはできません。しかも、乗り越えることができるまで、ずっと何度でもその試練に追いかけられることになります。

大富豪や幸せな成功者たちは、ここをわかっているから、何が起こっても**「試練がきたか。まずは神様に認められたということだな。さあ、これを乗り越えよう！」**と、前向きに壁に挑んでいきます。それどころか、すべてはあって当然の障害にすぎず、試練というほどのものともとらえていないかもしれません。

「壁というのは、邪魔をするために存在しているのではない。自分の気持ちを確認されているのです。『本気でこいつは、やっているのかどうか？』と。そのつもりでチャレンジに一歩踏み出してもらいたい」

そうおっしゃったのは、南アフリカのサッカー・ワールドカップで日本代表を率いた岡田武史監督です。

前監督のイビチャ・オシム氏が病に倒れたことで監督を引き継ぐと、岡田監督にすぐに試練が立て続けにやってきました。世界的な監督だった前監督との差をマスコミに批判され、熱狂的なファンから「監督を受けるな」と脅迫電話がかかってきたり、スタジアムで椅子を投げられたり、家にクレーマーが押し掛けてきたりしたそうです。その後も代表に選ばれなかった選手の家族からも、ずいぶん恨まれたといいます。

それでも、この試練を当然のことと受け入れ、乗り越えてきたから、彼は代表の選手たちをまとめて強いチームをつくりあげ、国外のワールドカップで初の決勝トーナメント出場という大きな目標を達成しました。

試練の先には必ず、栄光が待っているのです。

◉19日目のポイント

夢や願望を潜在意識にインプットすると必ず試練が訪れます。しかし、乗り越えられない試練は決して与えられません。乗り越えれば、必ず結果オーライになるので、どっしりと構えて明るく前向きな気持ちで迎え撃つこと。逃げてはいけません。乗り越えるまで苦しめ続けられるからです。

◉19日目のワーク

変化を恐れず行動し、試練を喜んで迎えましょう。そして、次の質問に答えてみてください。

①過去を振り返り、大きなチャンスを前にしてあきらめたことはありますか？
もしあれば、その理由も書き出してください。

②過去、成功したときの前に、どんな辛い試練があったか思い出してみましょう。

第3週　黄金のルールを胸に、いざ大空へ羽ばたこう！

20日目

光を当ててくれる仲間を見つける

――「自分をさらに輝かせる」ために

「身近な5人の名前を挙げてごらん」

家族を除いたあなたの周りにいる人の中から、すぐに思い浮かぶ親しい人を5人、挙げてみてください。

この5人は、おそらくあなたの現在に、大きな影響を及ぼしているでしょう。あなたは、この5人によって現在の状態に置かれているのかもしれませんし、5年後、あるいは10年後という近い未来も、あなたはその5人の影響を受けることが予想されます。10年後、あなたがこの5人とともに、今よりずっと成長している姿を思い浮かべられるでしょうか？

「人の年収は、付き合っている中の一番身近な5人の平均年収におさまる」という説があります。

10年後も、すぐに思い浮かぶ5人が現在と同レベルの人間であるならば、あなたの年収はやはり、その5人の平均におさまることになります。

もしその中に、「10年後には独立して、1億円を超える収入を稼いでいるだろう」という人が1人でも加わったとしたら、ほかの4人と平均したとしても、あなたの収入は少なくとも何千万円という額になっているでしょう。

けれども10年がたったとき、皆、多少の収入アップはしているだろうけど、まあ給料が数十万円あがるくらいだな……というのであれば、あなたの収入も同じようなところに落ち着いていることでしょう。

実際、名前を挙げた5人すべてが会社の同僚であれば、後者のようになる可能性は高いと思います。一方、すでに独立して仕事をしている経営者、あるいは独立志向を持って働いている人たちが〝身近な5人〟に入ってくるようになれば、あなた自身の年収も大きく変わってくると考えられるわけです。

何がいいたいかといえば、今の自分の状態は、あなた自身の思考と行動がつくっているのであるということ。**そして、あなたが今現在の生き方を変え、成功者になる道を歩みたいのであれば、付き合う人たちも変えていかねばならないということです。**

大富豪から、私はこんな言葉を聞いたことがあります。

「光のない部屋では、1粒のダイヤモンドも、1粒の小石も同じだよ」

つまり、電気を消した部屋では、ダイヤモンドも、普通の石も、区別がつきません。ところが、部屋の明かりをつけたり、日の光を当てたりすれば、ダイヤモンドは見間違いようのない美しい光を放ちます。

この〝光〟に相当するのが、仲間の存在です。あなたの周りに自ら強力な光を放つ素晴らしい仲間がいれば、その人の影響を受け、あなた自身も強力な光を発するようになっていくでしょう。

夢を実現させるためには、必ず他人の助けが必要になります。

そんな人間関係を、あなたは自ら求めにいかなければなりません。

「１人では、夢は実現できないよ」——カーネギーやフォードも大切にしていたこと

では、未来において夢の実現を助けてくれるような仲間は、どこに行けば見つかるのでしょう。

「ここに行けばいる」などという明確な回答はありません。**あなたの思考とそれに伴う行動、つまり縁《えん》が引き寄せる「出会い」なのです。**

夢や願望をイメージしながら、さまざまな場所に行き、意気投合する人に声をかけていくしか方法はありません。

勉強会、ビジネス交流会、スポーツや趣味のサークル、あるいは大学の同窓会……。どんな場所にも出会いはありますが、**重要なのは、１つのコミュニティだけに偏らないこと。**職種はもちろん、年齢や性別、ときには国籍も異なる幅広い人脈ができれば、それだけあなたの可能性も広がります。

仲間をつくる方法はさまざまですが、コミュニケーション力よりも、まずは「１人

では夢も実現しないのだ」と自覚することが大切です。

〝鋼鉄王〟と呼ばれた20世紀を代表する大成功者、アンドリュー・カーネギー。世界にガソリン自動車を普及させた偉大な経営者、ヘンリー・フォード。

この2人には、考え方に共通点があります。

カーネギーは、〝鋼鉄王〟にもかかわらず、鉄についての知識はあまりなかったのです。そのため訴訟を受けたときに裁判官からの鉄に関する質問に答えられず、「鉄を扱ったビジネスをしているのに、そんなことも知らないのですか?」と笑われました。

フォードは自動車の黎明期《れいめい》からの開発者でしたから、車についての専門知識はあります。しかしまともに学校を卒業していなかったので、それ以外の知識は、あまり持っていません。

マスコミはそれをバカにしようとして、彼に一般常識の問題を出し、答えられないと「そんなことも知らないのですか?」とあざ笑いました。

そういわれたあとのこの2人の回答は、どちらも同じものでした。

「もし私に解らないことがあれば、電話１本で私の代わりに何でも答えてくれる人たちがいます。それで何か問題があるのですか？」

つまり、この２人の大成功者にしても、ありとあらゆる目標を、自分１人の力だけで達成しようとは考えていなかったわけです。

自分自身が知識をつけることより、知識のある人を仲間にするほうがずっと大切だと理解していました。

逆に、あらゆることを自分一人の力でやろうとして、挫折する人は多いのです。

そんな人は、大きな夢を実現するために必要なものが何か、根本的なことがわかっていないのでしょう。

良質な人間関係を保つ基本は、次の２つにあります。

①相手の嫌がることをしない

②相手の望むことをする

これは友人、夫婦、仕事上の関係など、すべてに共通する原則です。

◉20日目のポイント

成功は1人ではできません。あなたに光を当て、ともに成長できる、志とエネルギーの高い仲間を持ちましょう。

◉20日目のワーク

今日のワークの冒頭で、「あなたの周りにいる人の中から、すぐに思い浮かぶ人」を5人挙げました。

今度は、あなたが知っている人の中から、「この人とより親密になれれば、自分も磨かれるだろう」と思う人を5人挙げてみてください。ただし、芸能人や新聞で見ただけの人など、距離の遠い人はここには含めません。

自分がこれから親密になれる可能性のある人、たとえば、何年も会っていない経営者になった同級生やほとんど話すことのない部署の先輩、たまに顔を見かける勉強会や交流会のメンバーなどです。最初に挙げた5人の中にその良質な人が含まれていたら、再度その人を入れてもかまいません。

①

②

③

④

⑤

21日目

成功者として振る舞う

――内と外から、自分を変える

「見た目も、中身も、成功者として行動しなさい」

いよいよ21日目、最後のワークです。

これまでの20日間のワークで、すでに必要なことは学び終えています。あとはこの習慣や行動を実践していくだけです。

成功者たちは、成功してから本書のような習慣を実践するようになったわけではありません。

お金のないときから先行投資をし、自分の食費すら危うい状態なのに貧しい人に寄付をし、あるいは仕事が忙しくて時間がないにもかかわらず、寝る時間を割いて将来

の計画を立てたのです。

「余裕ができたら」とか、「時間ができたら」「やる気になったら」といっている限り、いつまでも成功者の行動と習慣は身につきません。

「いつか成功者になろうでは、いつまでたっても成功者にはなれないよ。成功者になりたかったら、今、成功者として行動しなさい」

今、成功者として振る舞える人が、その振る舞い通り、成功者になる――これが真理です。よくビジネスの世界では、「肩書が人格をつくる」といいますが、今現在あなたがどうであれ、肩書に内容が伴っていなかったとしても、理想の自分を演じることが大切なのです。

私の職歴を見て、一流大学を出てとんとん拍子に出世街道を上り詰めたと思っている人がよくいますが、私は高卒で大学には行っていません。なぜ行かなかったのか、その理由を明かすのは、別の機会に譲るとして、私は工場の現場勤務であっても常にネクタイとスーツで出社していました。

航空宇宙のエンジン製造・修理・開発工場という職場柄、大卒エンジニアの8割は東大卒のエリートでしたが、常にそのエリート集団の仲間入りをすることだけしか考えていませんでした。だから、普段から彼らと同じ服装と振る舞い、そして仕事とスキルアップのための時間を惜しみなく使ったことで、すべてが願望通りになっていったのです。


成功者として振る舞うに当たり、一番手っ取り早いのは外見を整えることでしょう。

大富豪と呼ばれる人たちも、全身を高級ブランドで固めているわけではありません。ごく普通の身なりをしている方がほとんどです。しかし、靴やカバンは、やはり高価なものを身につけているのです。その理由は、**結局、高価なもののほうが長持ちするし、見栄えもよくて使いやすく、快適に生活できる**からです。


もう1つの理由は、**見る人はちゃんと見ているから**です。

下世話ですが一流ホテルのコンシェルジュたちは、お客さまが到着すると、その人がどれくらい上顧客であるかを、履《は》いている靴で判断します。

これは、レベルの高い仕事をしている優秀なビジネスパーソンも同じで、相手の成功レベルを靴や時計から判断しているのです。

成功者たちはどんなにラフな格好をしていても、この点はきちんと押さえているでしょう。ということは、**あまりに適当なものを身につけていると、高いレベルの出会いは期待できない**ことになります。

たとえば、どんな靴がいいのか？

では、どんな靴を履けばいいのかといえば、男性なら1つの基準として、5万円以上という価格です。

もちろん、上を見たらキリがありません。個人に合わせた木型を用意してくれるブランドでは、日本円で50万円以上というものもあります。その代わり木型をずっとキープしてくれるので、再び購入する際は、同じものをまたつくれるというわけです。

ただ、高いものを購入すればいいというものではありません。ムリをして高級品を買う必要はなく、**要は「どうせ消耗品だから」という感覚を捨てることが大切**だということです。

鞄にしろ、時計にしろ、安いものをポンポン買うのではなく、少しお金を貯めて、1点でもいいから、良質なものを身につけることが大切。ただし、どうせパッと見ではわからないだろうからといって、偽ブランド品ではいけません。

優れた職人の技術やワザを駆使したもの、手間のかかった最高品質のものを身につけることで、丁寧に生きようという姿勢や一流の品格が次第に身についてきます。

内面から醸し出される自信こそが、成功者として振る舞うために重要なのです。

「成功者である私なら、どう振る舞うか？」と考えてから動く

成功者の振る舞いとして、外見同様に大切なのは、信念に基づいた行動でしょう。

たとえば成功者たちは、社交辞令はいいません。

だから、「美味しいお店があるんですよ。今度ご一緒しましょう」となれば、「では、いつにしますか？」と、その場で予約をすることが多くあります。

ここで最初から真剣でない人は、「また、後日連絡しますよ」などと逃げるわけです。これをやると一気に信頼されなくなってしまうでしょう。

成功者には「自分の言動には責任を持つ」という確固たる信念があり、守れない約束は、絶対にしないのです。常にその瞬間を真剣勝負で生きているのです。

真剣勝負というのは、どんなことに対しても、です。

たとえば、あなたが新入社員で、オフィスの掃除や雑用を押しつけられているとしましょう。

「大富豪は掃除なんかしないだろう」などと思ってサボるのは、むしろ成功しない人の考え方。面倒で不快なことでも、自分の役割として任されたことには真剣勝負で臨むのが、成功者の考え方です。

部下や後輩、あるいは取引先の立場の弱い人々に偉そうな態度をとるのも、成功者の振る舞いとしては失格です。本当の成功者は、常に素直で謙虚。どんなに若く、自分よりも社会的に地位が低い人の言葉でも、真剣に聞くのが彼らの共通点なのです。

大富豪たちの日常の振る舞いについては、私の著作『世界の大富豪２０００人がこっそり教えてくれたこと』（三笠書房、王様文庫）に詳しく述べていますので、ぜひそちらを参考にしてください。

そのほか、心がけてほしいのは次の4つです。

①苦境に立っても平然と優雅に振る舞う
②酒の席で羽目を外さない。言動を慎む
③偉い人に媚びたりせず、毅然とした態度をとる
④困っている人に、いたわりの気持ちを持って接する

こうした態度を、「自分は成功者なんだ」という信念を持って実践すれば、だんだんあなたからは、幸せな成功者のオーラが漂うようになっていきます。

これが周りの人にも好印象を与え、無意識にあなたが成功者であると認識するようになっていくのです。その信頼感が、目標の実現のために多くの人から協力してもらえる土台となっていくでしょう。

◉21日目のポイント

見た目、言動など、成功者になる前から、成功者として振る舞うことを心がけましょう。形にふさわしい内面がつくられ、また同時に、内面にふさわしい雰囲気が醸造されていきます。

◉21日目のワーク

あなたは、成功者としてどのように振る舞いを変えますか？
すぐに実践できることを3つ、書き出してみてください。

①

②

③

EPILOGUE

「自分を変えられるのも、自分を救えるのも自分だけ」。だから、自分にこの一言を

本書をお読みいただいたあなたに、最後に私から1つ、おすすめしたいことがあります。

それは自分自身に「ありがとう」を伝える、ということです。

ほかの誰にいうのでもありません。あなたが一番、感謝の言葉を述べるべき相手、それがあなた自身なのです。

いったいなぜ、そんなことをする必要があるのでしょう？

「ありがとう」という言葉は、そもそも感謝の気持ちを抱いたときに述べる言葉です。

しかし言葉は、自分自身の脳や心に働きかけるのです。ですから「ありがとう」と

いえば、自然に私たちの心には、感謝の念が湧きあがってくるでしょう。

感謝の念というのは、「すべてを受け入れよう」という心の調和をつくる、非常にパワフルな感情です。そうした状態になるとき、私たちは夢に向かって、より意欲的に邁進《まいしん》できるようになります。

実際に、感謝のエネルギーを、目標達成の原動力に変えた例もあります。

かつて、女子ソフトボールの日本チームがオリンピックに出場したときのエピソードです。

監督は、開催地である北京に出発する前に、選手たちにこう指示を出したそうです。**「自分のお世話になった人、10人に会って、『ありがとう』といってきなさい」**

直前の練習を優先せずに、それだけをさせました。選手の中には、わざわざ故郷に戻り、両親やお世話になってきた学校の先生たちに「ありがとう」を伝えた人もいたでしょう。

これをした結果、彼女たちはプラスのエネルギーに満たされ、最高の状態で決戦の舞台に立てたのです。そして強豪アメリカを下し、金メダルを獲得したのでした。

これだけエネルギーをもたらしてくれる言葉、それが「ありがとう」なのです。けれども、普段の私たちはいうべき「ありがとう」をいわずにすごしていることはありませんか？

一緒に仕事をしている仲間たち、ちょっとしたことでも気にかけてくれる友人たち。何より、いつも自分を支えてくれる家族や、今まで自分を育ててくれた両親……。

中には、「ありがとう」を伝えたいけど、その相手がもうこの世にいないという方もいるかもしれません。

でも、心の中で「ありがとう」をいうことはできるはずです。

ロスチャイルド家などに代表されるように、大富豪たちには、富だけでなく、祖先から信条や生きる知恵などを受け継いで、その地位を確立している方々がいます。

彼らは祖先に対する感謝を常に忘れません。だからロスチャイルド氏なども、毎日必ず、祖先のお墓がある方向に向かって礼拝をしていました。

祖父や祖母のお墓、また両親のお墓に感謝の思いを伝えにいく、あるいは、お墓に行かなくても、自宅で日々「ありがとう」と伝えるだけでもいいのです。

しかし、それだけの「ありがとう」をいっても、まだ1人、重要な人物がいます。

それがあなた自身なのです。

今、大切なことに気づき、大きな変化へ向けて動き出した自分自身。

そのあなたがいるからこそ、「未来において成功しているあなた」はあるのだし、「幸せを感じられているあなた」もあるのです。

まだ実感は、湧かないかもしれません。しかしあと**何年か先、あるいは何十年か先、幸せな成功者となったあなたは、きっと今この本を手にしている自分を思い出し、「あのとき自分を変えようと心に決めて本当によかった」と思うでしょう。**

ならば、ちょっと先の未来の言葉を先取りして、今、自分に「ありがとう」といってしまえばいいのです！

いった瞬間、あなたの中に新しくつくられた成功者の思考回路に本格的にスイッチが入り、人生が大きな夢に向けて動き出すはずです。

そんなあなたに、私からも1つ伝えさせてください。

本書をお読みいただき、本当にありがとうございました。
心より感謝申しあげます。

近い将来、幸せな成功者になったあなたとお会いできることを、今から楽しみにしています。

世界《せかい》の大富豪《だいふごう》2000人《にん》がこっそり
教《おし》えてくれた　3週間《しゅうかん》で人生《じんせい》を変《か》える法《ほう》

著　者――トニー野中（とにー・のなか）
発行者――押鐘太陽
発行所――株式会社三笠書房
〒102-0072 東京都千代田区飯田橋3-3-1
電話：(03)5226-5734（営業部）
　　：(03)5226-5731（編集部）
http://www.mikasashobo.co.jp
印　刷――誠宏印刷
製　本――若林製本工場

編集責任者　長澤義文
ISBN978-4-8379-2569-9 C0030

三笠書房　トニー野中の大好評既刊本

王様文庫

幸せな成功者たちのリアルな日常を知るための基本バイブル

第1弾

生き方
「君は、何のために働いているのかい?」

仕事
「大富豪になるための条件を明かそう」

お金
「大切にするから、信じられないほどお金にモテるんだ」

富をふやす
「働かないでも、お金が入ってくる仕組みを持つんだ」

時間
「大金を稼ぎつつ〝自由な時間〟もたっぷりあったら最高だろう?」

たった1年で、誰でも幸せな金持ちになる
世界の大富豪
2000人がこっそり教えてくれたこと
THE RULES OF MILLIONAIRES
トニー野中
97%の人が知らない
ロスチャイルドたちの
「思考」と「習慣」の秘密とは!?
三笠書房
王様文庫

第2弾

付き合う人を選ぶ
「それはいえないんです、いったら私の首が飛びますから!」

「お金」に振り回されない
「もし君が大富豪だったら、どんな人間を好きになるだろう?」

何をどう与えるか?それが大事
無限の富を生み出す、幸福な関係のつくり方

「怒り」の感情に流されない
「どんな悪いことの中にも、幸運が必ず3つはある」

「真に心が欲している願望」に目を向ける
「なぜ君は、僕に会いたいと思ったんだい?」

幸運もお金も"この人"が運んでくる
世界の大富豪
2000人がこっそり教える
「人に好かれる」極意
THE RULES OF MILLIONAIRES
トニー野中
才能より、運より、"人間関係"で人生は劇的に変わる!
書き下ろし

君は今、すごい秘密を手にしたんだ!